王立军◎著

U0592354

王立军说收藏

中国书店

图书在版编目（CIP）数据

　　王立军说收藏 / 王立军著. —北京 : 中国书店，
2012.4

　　ISBN 978-7-5149-0279-2

　　Ⅰ . ①王… Ⅱ . ①王… Ⅲ . ①收藏 – 基本知识 Ⅳ .
①G894

中国版本图书馆CIP数据核字(2012)第001634号

王立军说收藏

王立军 / 著

责任编辑：刘 深

出版发行：中国书店

地　　址：北京市西城区琉璃厂东街115号

邮　　编：100050

印　　刷：北京市十月印刷有限公司

开　　本：787mm×1092mm　1 / 16

版　　次：2012年4月第1版　2012年4月第1次印刷

字　　数：120千字

印　　张：12

书　　号：ISBN 978-7-5149-0279-2

定　　价：78.00元

自序

做一个有益于人民的鉴定家

王立军

目前我国艺术品收藏市场像是战国时代，各种热门藏品，风起云涌，轮番登场，时不时爆出一条条亿元天价的大新闻，调动着人们的收藏欲望。但繁荣景象的背后是暗流汹涌、泥沙俱下、鱼龙混杂，许多人忙于造假、贩假，各种作伪、做旧方法与现代科技结合后不断推陈出新，各种高仿品以更加酷肖的面貌令专家一再打眼！还有一些收藏类的伪出版物，四处骗钱的伪专家也应运而生，扰乱了人们正常的收藏活动，使更多的收藏者不断地中招买假，发生了一幕幕令人感叹不已的闹剧。

为引导我国艺术品收藏健康发展，弥补民间收藏鉴定机构的缺乏，自2006年起，北京大学资源美术学院、国家文化部市场中心、中华全国古玩业商会分别成立了：中华民间收藏品鉴定委员会、文化部艺术品评估委员会和全国古玩商会鉴定中心。此二委一中心的成立，为规范、梳理我国艺术品收藏市场，引导我国艺术品收藏健康发展作出了重要贡献。委员会的专家都是经过推荐、考察，在征求广大收藏爱好者意见的基础上，从全国众多专家中筛选出来的。这些专家虽分别来自"编内"、"编外"，但他们都具有很强的理论水平和丰富的鉴定经验，眼力很好，品德也是优秀的，在海内外有很高的知名度和权威性，深受广大藏友的爱戴。当然，类似这样的优秀鉴定专家国内还有不少，今后我们会继续补充。成熟一个，发展一个，绝不滥竽充数！

这些年我们奔赴祖国及世界各地，到过近三百座城市，为民间收藏者鉴定了数百万件藏品，发现绝大部分所谓的藏品，其实是赝品！更令人震惊的是，这么多的赝品竟然都持有专家鉴定证书，中国有、韩国有、美国有、欧洲有……，有的还只是一般的仿品。

从一定意义上来讲，民间收藏与国家博物馆并没什么关系。因为两者收藏的对象、研究方法是不同的。国家博物馆收藏、研究文化艺术品，更多的是从工艺文化角度进行研究。当然，也研究文化艺术品与当时社会的文化、经济，甚至是政治事件的关系。民间的收藏品都是从市场上来的，首先要研究它的真伪及市场价格走向。

我们的研究人员虽然多数供职于博物馆，有很深厚的传统文化知识、历史知识、考古经验，但缺乏鉴定能力，因为我国大学里没有"辨伪"这门课。在20世纪80年代以前，文物是"高压线"，不让收藏，社会上所见的大多是老仿（指历代仿品，或民国时期仿品），没有新仿赝品，因此研究人员当年就是想学，也没有实物可供参考，所以他们基本上没有辨伪经验。

20世纪80年代以后，收藏大军蜂拥而来，造假之风愈演愈烈，一些毫无辨伪经验的文博系统的研究人员开始为老百姓鉴定艺术收藏品。由于他们的基本功只有"标型学"，并且把"标型学"的规则深深印刻在脑海中，对鉴定艺术收藏品必须掌握的"痕迹学"几乎没有研究，自然会"走眼"。我在文化部艺术品评估委员会成立大会上说过："'研究员'是专家，但不是鉴定家，鉴定家必须要经过市场的磨炼！"此话得到不少在职研究员的认可。

有一些鉴定家因不在文博系统工作，当然也没有研究员等职称，由于他们有深厚的文化底蕴，对祖国传统文化的热爱，长年在文物市场中磨炼，眼力自然很好。当然，文博系统也有一些研究员，既有高深的理论基础，又能在实践中磨炼，因而眼力很好，这样的研究员才能称得上是真正的鉴定家。我以为无论是"文博系统编内"还是"文博系统编外"的鉴定家，都要互相学习，不能相互瞧不起，才能相得益彰，使艺术收藏品鉴定在高层次、高水平中发展。

让人不解的是，博物馆本来是人民的博物馆，是为人民服务的。然而个别文博系统的领导却不允许优秀专家去为老百姓服务。优秀专家不让出门，伪专家自然会横行霸道。优秀专家在不影响本职工作的前提下，利用业余时间去为老百姓服务有什么不可以？党中央非常关心民生，老百姓的需求就是民生，让优秀专家走出博物馆，也是正确之举。

博物馆是展现祖国灿烂文化的场所，老百姓看后，对祖国的文化产生兴趣，收藏一些艺术品丰富业余文化生活，陶冶情操，加深对祖国的爱，是件好事。博物馆理应派出优秀专家给以指导。现在，数以千万计的收藏爱好者已坠入迷雾之中，他们渴望优秀的专家出现，为他们的收藏活动护航，避免上当受骗。

我曾把不合格的专家分成五大类：一，理论型专家，此类专家只会写书、讲课，但看实物的眼力不行。二，"极左型"专家，认为民间不会有好东西，见一件贬一件，自认这样做就不会发生误判。三，老好人型专家，此类专家怕得罪人，见什么都说好，因而目前在社会上最受欢迎。四，收费型专家，此类专家从事鉴定，意在收取鉴定费，只要有人肯付鉴定费，写什么评语都好说。五，复合型专家，指眼力差又收费的专家，这类专家危害最大，明明是三流仿品，他们也照样开具真品证书。他们所开具这种不负责的证书，已经扩散到全国各地，有的甚至传到海外，造成了很坏的影响。更有甚者，这类专家还为一些专门拍卖假货的拍卖公司"掌眼"，批量开具鉴定证书，使许多老百姓上当受骗！所以我常说，找专家也是一门学问：专家找对了，你会一对再对；专家找错了，你会一错再错。不少私人博物馆找的是上述一些伪专家，结果是全军覆没，追悔莫及！辛辛苦苦赚来的人民币，打了水漂。

我们要找那些长期战斗在收藏市场第一线的实战型专家。当然，再优秀的专家也是人，不是神，也有"走眼"之时。现在是高科技时代，有些仿品的造假技术可以说是登峰造极，令人真假难辨。世界上的文物鉴定专家没有一位没走过眼的，只不过鉴定正确率有差别而已。

有人曾对我说："王老师，现在专家非常多，谁是真专家，谁是假专家，我们也搞不清楚，有时比找一件真品还难！"这的确是个问题，文物鉴定专家也像文物一样扑朔迷离。文物专家不能由领导来认可。因为领导只会问他政治表现如何？是不是在博物馆工作？是不是有技术职称？其实博物馆的技术职称与鉴定文物并没有关系。如果让老百姓来认可文物鉴定专家，老百姓也只认识常上电视的那几位。文物鉴定专家应该由行家来认可，这是一条真理！有人在电视上拿着一件赝品大讲特讲，领导看不出来，百姓也看不懂，可行家一眼便知道此人的水平！你如果想找文物鉴定专家，可先问问行家，哪位是真正的文物鉴定专家？哪位是伪文物鉴定专家？行家是那些真正收藏买卖真品的商家，这种行家在当地是不难找到的。

实战型专家"走眼"的概率相对要少些。我们不能以某位实战型专家偶然一次"走眼"来全盘否定这位专家。因为收藏界时常会发生这类事件，所以我认为有必要在这里提醒一下，人无完人！我国艺术品市场乱就乱在专家，专家不乱，市场也乱不到哪去，就不会发生一系列丑闻，也不会出现一件赝品竟然有50多个专家在上面签字的现象。文物专家与其他专家不同，最容易冒充，因为"古董古董看不懂，古玩古玩估着玩！"专家的话是风向标，导航着艺术品市场的方向，既然如此就应当对老百姓负责，对市场负责，只有专家队伍规范了，中国艺术品市场才会健康发展。对于专业的鉴定人才选拔，应该层层把关，除了要有丰厚的文学功底，也需要有丰富的经验和精准的眼力，择优胜者颁发国家证书。

我希望文物鉴定专家们能为老百姓着想，以"代表广大人民群众利益"这一基本精神为主旨，严于律己，做一个高尚的、一个纯粹的、一个脱离了低级趣味的、一个有益于人民的鉴定专家！

此书出版后深受广大读者追捧，因为它是一个"警示"，至少看了之后，会让读者提高警惕，不至于上当受骗，追悔莫及。目前市场上此类直接揭露市场的书籍鲜为少见，没有经过实践，没有上过当受过骗，没有经历收藏过程中的风雨是写不出来这些心得的，这也是我从事文物古玩收藏三十余年实践的小小认知，编辑成为一本著作，我相信，随着我国收藏事业的蓬勃发展，加入收藏领域的人越多，这本书也许会起到些作用。

目录 CONTENTS

王立君说收藏

第三篇 交易陷阱

第四篇 鉴藏心得

第一篇
收藏史话

源远流长的文物鉴定

何谓收藏

　　什么是收藏？简而言之，就是将一些自己感兴趣的艺术品收集起来，加以整理，以便更好的研究传承。

　　对收藏者来说，收藏是一种有情趣的生活方式，是一种精神慰藉；在感受中华民族文化博大精深的同时，又享受知识和财富不断积累、增值的乐趣。

　　艺术品收藏分两大类：一类是古代艺术品收藏，又称作文物收藏、古玩收藏、古董收藏；另一类是当代艺术品收藏，又名"时玩"，就是收藏当代的艺术品。古人也收藏当时的艺术品，如唐代人收藏吴道子的绘画、明代人收藏供春壶。现在，收藏古代艺术品的人居多，因此我主要介绍古代艺术品收藏。

唐代　玉拱手直立式官吏

高4.6cm　最宽2.1cm　最厚0.8 cm
故宫博物院藏
玉人头大身子短，身仅为三倍半首，有"唐大头"之称。清代乾隆皇帝很喜欢，将其放在几案上。

何谓文物

　　"文物"一词，于古有之，如《左传·桓公二年》："夫德，俭而有度，登降有数，文物以纪之，声明以发之；以临照百官，百官于是乎戒惧而不敢易纪律。"《后汉书·南匈奴传》："制衣裳，备文物。"但文中"文物"系指典章制度，与现代所说的"文物"意义不同。唐人杜牧诗曰："六朝文物草连空，天淡

魏晋六朝　玉龙凤佩

　　高 5.8 cm 厚 0.4 cm
　　南京博物院藏
　　1951 年江苏省南京市邓府山三号墓出土。玉呈淡黄色。透雕作环状龙凤纹。龙蜷曲成环形，背上雕一回首凤，造型优美生动。

云闲今古同。"骆宾王诗曰："文物俄迁谢，英灵有盛衰。"诗中"文物"一词，指前朝遗物，与现代所说的"文物"意义接近。

　　现代所说的"文物"，是新中国成立后出现的概念，《中国文物法》规定：凡具备历史、科学、艺术、纪念等价值的文化遗迹、遗物均属文物。

　　文物分为不可移动和可移动两大类，古建筑、古文化遗址、古墓葬、古窑址、古作坊、古战场、摩崖石刻、古代岩画、古代雕塑等，都是不可移动的文化遗迹；石器、骨角器、玉器、陶瓷器、青铜器、木器、书画、图书、织绣、家具等，都是可移动的文物。

　　为了描述可移动文物的来源，常用传世品和出土品两个术语。

西周　青玉镂雕鸟纹嵌饰螭

　　长 6.4cm　宽 3.65cm
　　傅忠谟先生藏品。青玉单面雕，有黄沁。雕工精细。

传世品，一般指在社会生活中正常传承、从未作为陪葬品埋入坟墓中的器物，有宫廷传世品、官方传世品和民间传世品三类。还有一些早年出土后又流传于世的文物，也称为传世品。

在传世品中，还有一类年代并不久远，却具有特殊人文价值的物品，也列入了文物的保护范围，如"解放军文物"、"红军长征文物"、"革命烈士文物"以及"文化大革命文物"等等，统称为"红色收藏"。

出土品是指用科学考古方法发掘的文物。以盗墓等方式所取得的文物，虽然也出自地下，但因破坏了许多证据链，大大降低了文物的科研价值。

何谓古董、骨董、古玩

古董是宋代人称谓，指古玩。宋人以"昔"为古，古董之"古"只是"旧"的意思。

明代称古董为骨董，泛指那些为文人珍玩的传世品或出土品。明人董其昌《骨董十三说》云："杂古器物不相类者为类，名'骨董'。"考其本义，最初是指食物杂烹(见董其昌《骨董十三说·缘起》)。明代专售各种宝物和古器物的店铺，都自称骨董铺。

古玩是清乾隆年间出现的术语，泛指各种宝物，并非是古物之专称。"玩"是收藏鉴赏的俗称。古玩有"杂、古、真、精、奇"五大特点。杂，指古玩的类别和品种繁多。古，指前朝遗物，泛指制作年代古老。真，指材料、作者都确凿无误，也指原创作品。精和奇，指古玩具有料优工精的艺术品质和艺术价

十六国时期　金铜交脚弥勒佛坐像

值。古玩的五大特点中，真，是最重要的，是古玩的价值之所在。对于文物收藏来说，只要是仿品，无论是复制(高仿)，还是仿制，都被认为是没有收藏价值的。

古玩，过去是古代王侯闲暇时的享乐，而今人民生活水平日益提高，经济条件大为改观，"昔时王谢堂前燕，飞入寻常百姓家"了。人们解决了温饱之后，必然寻求精神上的享受与知识的升华。

何谓"现玩"

　　"现玩"是相对于"古玩"而言，指与收藏者同时代制作出来的艺术品。

　　历代都有"现玩"，今人认为是"古玩"传世品，大多是当年收藏者以"现玩"品买入收藏的，随着社会的变迁变成了古玩，价值也在增加。如现代紫砂艺术

清代　黄慎画东坡玩砚图

高160cm　宽84.5cm

黄慎，扬州八怪之一，诗书画皆精。此画立轴纸本，设淡色，以苏轼赏砚故事入画。

大师顾景舟所做的紫砂壶，在20世纪60年代以前购买，大约只要十几元钱，在20世纪80年代，就要几万元甚至是十几万元。在2004年12月上海信仁秋拍会上，现代竹刻名家徐秉方的一块留青竹刻《远山松壑图》插屏，估价为10万～16万元人民币，成交价为31.9万元人民币。

　　2010年，徐悲鸿《巴人汲水图》，拍出1.71亿元的高价。业界认为，这幅画相当于在61年里价格暴涨了100多万倍。

　　2011年春拍，现当代艺术家吴冠中的经典作品《狮子林》以1.15亿元人民币成交，创下了吴冠中画作的最高纪录，也刷新了中国现当代艺术的世界纪录。陈逸飞的重要作品《山地风》，以8165万创下中国油画拍卖世界纪录。

　　收藏"现玩"，一定要出自名家之手，因为只有名家作品具有高水平和收藏价值。

何谓赝品、复制品和高仿品

　　赝品，指伪造的器物。典出《韩非子·说林下》："齐伐鲁，索谗鼎，鲁以其赝往。齐人曰：'赝也。'鲁人曰：'真也。'"从这条记载可知，在春秋时期就有伪造的青铜鼎。

　　现代赝品可分为三种：第一种，仿古工艺品或叫旅游纪念品，是艺术工厂批量生产的仿古风格器物，工艺水平一般，价格不高，其身份相当于一般土特产品。

　　第二种，复制品，由业内高手制作的仿古精品，严格地按照古玩原件的材料、质地、制作工艺、表面肌理进行复制或仿制，在各个方面都忠实原作，但又标明所

仿制和复制物的年代、复制者姓名等。这种复制品，因料优工精，出自名家，有一定的收藏价值。

第三种，高仿品，由业内高手制作的仿古精品，能将古玩的特征仿得惟妙惟肖、几可乱真。但高仿品常冒充真品出售，对收藏者有巨大的杀伤力，故收藏者对高仿品都深恶痛绝。

何谓鉴定

收藏，是指收集古代文物的活动，收藏品应是中华五千年文明的遗存物，是一项具有特殊意义的社会活动。如果所收是赝品，就毫无意义了。为此，只要是收藏，就一定要收真品。但社会是复杂的，出于各种原因，总会有人制作赝品。为保证所收藏的是真正的文物，就出现了鉴定。

鉴定，是收藏文物活动中甄别真、赝的必要步骤。

现今的文物考证学、鉴定学、鉴赏学，正是在古人考据法上不断修正完善而来。鉴定与作伪，作为一对相生相克的冤家，自古至今，从未停止过争斗。鉴定家刚刚攻克"称重作伪法"，又出现电子扫描的绘画法；作伪者用皮鞋油上色制作假包浆，鉴定家便以自然氧化度来衡量光泽……真可谓"魔高一尺，道高一丈"，你来我往，争斗不息。要做真正的鉴定家，就必须长期与市场为邻，与时俱进，

西周　青铜匽侯盂

高24.5 cm　口径33.8 cm
国家博物馆藏
盂（音"余"）是大型盛饭器，也可盛水盛冰。基本形制是：侈口，深圆腹，圈足，有兽首耳或附耳，与簋配合使用。但盂比簋大。西周青铜盂侈口，微鼓腹，双耳，高圈足并下加一宽边，有四种基本型。本图所示青铜匽侯盂，1955年辽宁喀左县出土，内壁有五字铭文"纪匽侯作盂"。

不断更新鉴定方法。

何谓"玩古"

古人常说的"玩古"，即今日文物鉴赏。人们通过把玩、欣赏文物，感受中国历史文化的厚重璀璨、博大精深，进而提升自己的品德和修养。

中国历来以文物丰富精美著称于世，中国文物以质地优良、做工精湛闻名，有的造型虽然奇诡，仍然有根有据，具有艺术魅力；有的因年代久远、古色古香而著称；有的因古代名人参与制作而成为名品；有的经历古代名人的收藏或题咏而具有历史韵味，成为人们把玩之佳品。总之，"玩古"成为我国传统文化中一个颇具特色的组成部分。

文物收藏对个人来说，固然是一种文化娱乐休闲活动，但文物又是一种不可再生的稀缺资源，因而文物也具有保值、增值的特性，文物收藏也成为现代社会的一种理财方式。

文物收藏，对于国家来说，是保护和研究许多具有科学技术和历史价值的载体，曾为人类社会的进步和自然科学的发展做出重大的贡献。中国疆土广袤，千里沃野，万顷海域，有五千年以上的发展历史，勤劳的人民用聪明才智和丰富的生活体验创造了精美绝伦的文化艺术品。保护、收藏和研究这些记载文明的产物，对华夏光辉灿烂的文化无疑会起到特别重要的作用。收藏作为特有的文化活动，古往今来令无数收藏家付出了毕生的心血，许多国宝奇珍才得以保存至今。

"玩古"历史

玩古的历史非常悠久，具体始于何时，无法考证。20世纪50年代从商晚期妇

商代 青铜妇好铭方斝

高68.8cm 重18.3千克
国家博物馆藏
斝(音"贾")为商代至西周流行的温酒器，曾名"散"，形似爵却比爵大，无流无尾，却有两柱、口圆，底有平底、圆底、隔形底三种；扁平鋬、圆鋬比爵、角都大些，以三棱锥形足居多，亦有四足、款足、足内空者为多。基本式样有17种，其中15种商代器形，夏代晚期和西周早期各1种。1976年商代妇好墓出土青铜斝十二件，有八件高度在60厘米以上。本图所示为其中一件。

商代 青铜人面方鼎

高38.5cm 宽23.7cm 口长29.8cm

湖南省博物馆藏

方鼎是商中晚期出现，有六种基本式样，著名者如后母戊鼎、杜岭方鼎等。1959年湖南宁乡出土一件青铜人面方鼎，方鼎腹部四面各有一个人面浮雕为饰，但头部长有双角，下肢长有长爪，具体有何寓意不详。有研究者认为与"黄帝四面"的传说有关。

好墓中出土大批文物，其中有一件玉凤，据考出自石家河文化，并非商玉。因此可知，至少在商晚期，商代王室因"好古"而开始收藏古玩了。

孔子说："好古，敏以求之。"可见在春秋晚期，人们对古代遗存物就持有一种特殊的情结，包含有极大兴趣。

西汉时期，皇室和诸侯"玩古"之风盛行，为获取古物，常常在各自封国境内大肆盗挖古墓。据文献记载，汉文帝刘

恒的儿子梁孝王刘武收藏的珍奇异宝，比京师还多，其中一件商周青铜器特别受推崇，被视为传国之宝。后来，刘武孙媳、梁平王刘襄的妻子任王后知道了它的价值，千方百计想据为己有。梁孝王刘恒的妻子李太后得知此消息后以祖母的身份出面重申孝王遗命，强调府库中其他一切宝玩都可任其挑选，唯独这件青铜器不能拿走。于是，任王后便把她的丈夫梁平王刘襄请出来，下令开库，要取走这件青铜

器。李太后闻讯大怒，要亲自向京师来的使臣告状，请求皇帝干预。刘襄夫妻知道后竟双双出动，为阻拦李太后去见使臣，想把大门关了。李太后则摆出一副拼老命的架势与之争斗，一方挡着不让出，一方硬要往外闯，以致把李太后的手指都掰断了。这则见载于正史的故事，生动地反映出西汉诸侯王"玩古"兴趣之浓厚。

西汉以后，"玩古"之风虽有起落，但一直绵延不绝。

唐代时，玩赏古物的社会层面进一步扩大。史书记载萧翼赚兰亭序的故事，虽不可尽信，但此则传说反映了唐太宗李世民虽贵为皇帝，却因心仪王羲之的真迹而不择手段。唐代法律规定：凡出土古代青铜器，要交官府，用以熔铜铸钱。这条法律在一定程度上影响了古铜器物的收藏和鉴赏的进一步发展。据文献可知，唐代时盗墓行为已经很疯狂，市场上出现了古玩店(注：以往认为古玩店始于明代中期)。

五代南唐"元宗（李璟）、后主（李煜）皆妙于笔札，好求古迹，宫中图籍万卷，钟王墨迹尤多。"因而，明代人把南唐后主李煜列为最早的古玩赏鉴家。

宋代几代皇帝"好古"，使金石学蓬勃发展起来。受其影响，以及官府的保护和提倡私人收藏古物的政策，古玩收藏文化空前繁荣。北宋时期，"长安有宝货行"。北宋中叶后期，金石学经过长时间的酝酿与完善，已成为专门学科，对古玩收藏研究的发展起到了很大的促进作用。

宋代金石学家对各种古代器物名称、制作年代、用途等进行确定和研究，为收藏活动提供了新的学术依据，极大丰富和提高了古玩收藏文化的内容和水平。

因许多金石学家有"玩古"的雅兴，故古玩商和专营古玩店骤增，随之而来的是鉴赏水平的空前提高，出现了不少有名的古董鉴赏家和古玩考古著作。至此，古玩文化已进入形成期。

元代承赵宋遗风，"玩古"之风仍有所发展。

秦代　青铜马车

1980年陕西临潼出土两乘"秦陵彩绘铜车马"，造型精妙绝伦，工艺高超复杂，被誉为"青铜之冠"。

明代是古玩收藏、赏鉴突飞猛进的时期。明初，皇帝有此爱好。明中期以后，商业发展，奢靡之风日盛，不仅文人学士、达官贵人、巨商大贾亦以"玩古"为风雅之行、藏古聚财之道，或倚权势，或挟巨资，巧取豪夺，重金争购，号称"鉴赏家"者数不胜数，尤以南北两京、扬州、苏杭之地为甚。在明万历年间达到顶峰。《清秘藏》所列明代著名鉴赏家有三十余人，有关文献资料不计其数，这么多鉴藏理论著作的出现，可谓百家争鸣，各领风骚。

清代初期，受明末战争的影响，"玩古"之风暂时受到影响，但从康熙中期开始，"好古"之风又逐渐兴盛。乾隆皇帝尤好古玩，以宫廷的财力进行收藏，不但推动了当时文物收藏文化的发展，仿古的工艺技巧更是达到了前所未有的高度。

乾隆皇帝至老而愈笃，其时清宫收藏古物数达万千，编成图谱若干，这大大有利于对文物的保护和研究。乾隆皇帝弘历精于文物鉴赏，注重考证研究，他写过四万余首诗文，其中涉及古玩书画、玉器、陶瓷、漆器、笔墨纸砚及文房用具的诗歌达3500首，对于文物研究、鉴赏、保护均有较大的推动作用。

清代古玩业，以民间玩古者荟萃的北京、扬州、苏州最盛，西安、洛阳等城市是古器物大量出土的地区，古玩经营者也很多。北京琉璃厂是全国古玩最大的集散地，有固定的商号和临时设置的摊点，古玩行业空前繁荣。

四次仿古高潮

古玩以原件最为珍贵。仿制品，无论

明成化　斗彩海水龙纹盖罐

高13.1cm　足径11.2cm　口径8.7cm
故宫博物院藏

　　成化斗彩是历史上著名的彩瓷品种，现在所见多为清宫旧藏，或早年间流失海外，数量不多。此图所示为成化斗彩"天字罐"，系因罐底上有一青花楷书"天"字而得名。罐外壁绘海水云龙纹，龙身施黄彩，云朵、海水填绿彩，浪花不加彩饰。

是高仿品还是一般仿古品，人们都认为是伪品。这其实也是误区。我以为仿制和伪制有本质不同：仿制的本意在于尊古，伪制的本意在于欺世获利。所以，仿制品值得被人称道，而伪制品被人鄙视。

古代制作器物大都仿制前朝，如商朝仿制夏朝，周朝仿制商朝，数千年来都是如此。除少数属于独创的新式产品外，其余大都是仿制器。这种仿制，是吸取前朝器物的优点，然后结合本朝工艺之长处，融会贯通后制成的，式样师法前朝，而落款却是本朝，好像仿制品并不是仿制品。如唐天宝年间至南唐后主的两百余年里，官府在句容县设置有官场，专门仿铸古代铜器，只是在仿制器物上加上标记，大多刻有监官花押。这种仿制品，体态轻盈，花纹细致，小巧玲珑；也有略微带些青绿

金代　青玉圆雕行走童子

高5.8cm　宽3.4cm　厚2cm
故宫博物院藏
　　玉色青白，有沁色及白斑。玉童子作行走状，左手握拳，右手托海冬青。玉童子头上有三丫髻，分别于头顶及两侧耳上，衣襟散开，分向两侧，衣褶简洁。两腿较短，着肥裤。

色或朱砂斑的，只是都不能完全达到古代铜器那种莹润的程度。现在故宫博物院的铜器柜中还能看到。

　　伪制是仿照古代器物的样式，假托古代器物之名，冒充古代之器，这是真正的伪制。历代伪制品都很多，精品却很少。

　　中国历史上出现过三次大的仿制、造假高潮，加上现代出现的仿古高潮，一共出现过四次仿古高潮。

（1）第一次仿古高潮

　　第一次仿古高潮出现在北宋晚期。

以嗜古成癖的宋徽宗为代表。宋徽宗是一位喜欢艺术、精通艺术的皇帝，对三代古铜器十分羡慕，下令仿制，凡是古代著名的铜器无不仿制。现在我们所见到的古代铜器，多半都是宣和时期的仿制品。先秦与汉代古玉也被大量仿制，有的仿青铜器造型，有的仿汉代玉佩、剑饰、带板、玉璧等，玉材主要有白玉、墨玉、青玉，其中最多的是青玉和白玉。虽然形状模拟古物，纹饰则以兽面、螭虎、云龙、卷草、勾云、蝉纹及尖角与勾云相接的二方连接图案为主，不见那种眼部与嘴部极度夸张的饕餮纹。虽然以仿汉玉为主，但又不是完全仿汉玉，宋代造，仿古器型仿古玉的结构、造型均较汉玉复杂，给人一种似古非古、似今非今的感觉。另外，宋代仿古玉也仿制唐代玉器皿。

　　"上仿制以崇古，下伪造以图利。"民间仿制古董业也始于宋代，从业者主要是市井商贩，当时的仿制品，现在一般称为"宋仿"，也有一定的收藏价值。

（2）第二次仿古高潮

　　第二次仿古高潮出现在清代康乾盛世。当时，厚古薄今的文化思潮已蔚然成风，器物陈设效法古制已成为一种时尚，清宫造办处仿制了大量的铜礼器、玉礼器和宋代名窑瓷器。乾隆时期编订了《四库全书》，进一步促进了金石学的发展，越来越多的人注重对古代器物的研究，为仿古器物走向形象化、规范化奠定了必要的基础。

　　不过，当时器物仿古并非泥古，而是"青出于蓝而胜于蓝"，将器物仿古工艺推向最高峰。当时制作的仿古玉器、铜器，其形制或参照宋元明金石学著录中的造型，或直接依照旧器物的造型进行仿制，还有的是部分借用古代器物造型，将不同时代的器形有机地融合在一起。有的是造型和纹饰完全仿自古代的器物，惟妙惟肖，达到了以假乱真的境界。若不是刻有"大清乾隆仿古"或"乾隆仿古"等款识，许多专家也辨认不出究竟属于哪个朝代。

当时，不仅仿制古代铜器、玉器、瓷器，连宋元字画也临摹，有些作品连乾隆皇帝也难辨真假，当时好多的书画赝品上都有乾隆的题跋。如元代画家黄公望的《富春山居图》。1745年，一幅《富春山居图》被征入宫，乾隆皇帝见后爱不释手，把它珍藏在身边，不时取出来欣赏，并且在6米长卷的留白处赋诗题词，加盖玉玺。没想到，第二年又得到了另外一幅《富春山居图》。两幅《富春山居图》，一幅是真，一幅是假，可这两幅画实在是仿得太像了，真假难分。其实，此前的《富春山居图》是假的，后世称之为"子明卷"，是明末文人临摹"无用师卷"而成，后人为牟利，将原作者题款去掉，伪造了黄公望题款，并且还伪造了邹之麟等人的题跋，这一切都把乾隆帝蒙骗了。第二年得到的"无用师卷"才是真迹，但仍没让他推翻自己的错误判断。

（3）第三次仿古高潮

第三次仿古高潮发生在晚清民国时期。当时，大量清宫旧藏文物、王府旧藏文物流落到市面上，掀起了一股收藏之风，加上帝国主义入侵和文物外流，再次推动了民间仿古器物商品化和古董商人的职业化。他们大量复制、仿造了中国各个历史时期的各种文物，无所不仿。如，较有名的仿古铜器有"苏州造"、"潍县造"、"西安造"、"北京造"、"河南造"等派别，主要仿制商周青铜重器，在伪刻铭文、纹饰方面尤下工夫，工艺水平很高。许多仿古铜器伴随着真品一起大量流向海外，有一部分仿品至今还在外国博

北京潘家园旧货市场

元代　卵白釉堆花加彩戗金盘

高4.3cm　口径16.1cm　足径5.5cm

上海博物馆藏

　　元代是孕育彩瓷的时代，不仅有青花瓷，而且还有白釉堆花加彩戗金的新瓷种，这类瓷装饰是彩绘瓷的先躯，纹样多用胎装饰技法来表现图案的轮廓，然后加彩戗金，制成华丽风格的彩瓷，供上层社会使用。此盘通体施卵白釉，盘内有模印缠枝花卉纹。釉上有五彩堆花戗金装饰，盘内口沿彩饰缠枝栀子花一周，内心由孔雀蓝色和深褐色线条构成柿蒂形开光，开光内有一个梵文"吽"字。盘外近底处以深红色和黄色线条勾出莲瓣，莲瓣内绘戗金杂宝纹。

物馆中陈设展览。不过，民国时期的仿古铜器与三代青铜器相比，有许多破绽：如许多仿古铜器的造型和纹饰都与三代青铜器不符；因普遍使用失蜡法铸造，故一般无范线、垫片；有的仿古铜器的铭文，显现出刀痕；有的铜料不是青铜，而是明代才有的黄铜等等。因而，这些都成为辨伪的要点。

　　此期仿古瓷器，为迎合外销市场及当时的收藏趋势，景德镇、龙泉窑、磁州窑、越窑都生产仿古瓷器。有的仿两晋时期青瓷、唐三彩、宋代名窑瓷及明永乐、弘治和清康熙、雍正、乾隆官窑瓷器等。为迎合日本人对中国龙泉瓷器的消费需求，清代至民国时期商人订制了一批仿宋元龙泉瓷器，销往日本。

　　目前正值文物回流热，很多从国外回流的文物，绝大部分是清代后期至民国时期的仿制品，由于仿制水平非常高，应当特别引起重视。

（4）第四次仿古高潮

从20世纪80年代开始，随着收藏活动在我国兴起，各种仿古工艺厂应运而生，专门生产各种仿古器物，作旧、作伪手段不断更新，日趋精致。造假者之间达成默契，形成有分工的社会化生产，市场也逐步专业化。因此可以说，现在已经进入了第四次仿古高潮，而且规模远远超过前三次。也可形象地说，有几十万人在仿制，几百万人在销售，几千万人在收藏仿品。仿品的数量和品种，也是有史以来罕见的，不仅充斥国内艺术品市场，而且也流传到国外。

铜器、玉器、瓷器，金铜佛像、竹木牙角器等，市场需要什么，他们就仿什么，现在连民国产品，文革产品都有仿品，当代书画家，工业大师的仿品更是比比皆是。现代高仿已达到以假乱真的程度。如果说以前造假者，往往是单兵作战，现在则是群体作战。比如字画，是几个人流水作业，有人专画山水云雾，有人专画人物花鸟，有人勾勒，有人设色填彩……还有专人做旧，盖图章……每个人都发挥其特长优势。可以直率地说，鉴定工作者正面临日益严峻的挑战，即使是一些"臆造"的、改造的仿古画，因仿制水平高超，也能把许多"专家"骗倒。

打眼、捡漏皆有乐

古玩市场中也有一些真品，可能品相和档次差一点，往往得不到人们的关注，因为这些东西价值不太大，增值速度慢，所以不被人们喜爱，大有"怀才不遇"之感。

本书作者在鉴定铜佛像

所以人们都喜欢"捡漏"，也就是用最少的钱，买到大价值的东西，买者会乐不可言，这的确是一件令人高兴的事。

受利益的驱使，造假者专门制作赝品名品，以假乱真，反而生意兴隆。这的确令人感到可悲。收藏领域现在是赝品当道，假劣产品充斥市场，藏品的真假、好坏全凭眼力去判别，的确有很大的难度。而且当前赝品的制作工艺水平之高，即使是大师级收藏家也难免"走眼"，一般收藏爱好者更会"打眼"。"打眼"在收藏界已成为家常便饭，打眼者往往自嘲曰"交学费"，其实是苦中作乐。能在收藏中有所收获，不仅一种本领，更是一种缘分，一种身心的愉悦！

假如收藏爱好者能凭借良好的心态、广博的知识、丰富的实践经验应付眼花缭乱的艺术品市场，把握住机会，寻觅那些具有文化艺术和历史研究价值的藏品，成功时带来的欣慰是不可言喻的。"众里寻他千百度，蓦然回首，那人却在灯火阑珊处"，辛弃疾的这句妙词，用来描述收藏者得到好藏品时的心情是很恰当的。每当得到心仪已久的藏品，那种喜悦的心情对于每个收藏者具体来说是不同的，但快乐是相同的。收藏者在增长知识的同时，每天心情愉悦地面对自己的藏品，欣赏这些藏品，修身养性，当能延年益寿。如一些年长的老者，离休后心情郁闷，身体越来越差，爱上收藏后，每天有精神寄托，心情愉快，身体硬朗起来，再见他已是满面红光，可见收藏可以陶冶性情。

收藏是寓动于静、寓忙于闲、寓学于乐的一种文化休闲活动。一旦全身心投入进去，会给你带来一个多彩的世界，你不会因为学习而感到苦，所得到的是玩赏带来的甜。此种洒脱飘逸、以苦为甜的心境，又有什么能与之相比呢？置身于收藏，不论你过去是多么才华横溢、学识渊博，也会感觉到知识的匮乏与见识的短浅。在浩如烟海的历史和日新月异的新科技面前，无论是谁却会感到力不从心。

收藏是一项知识密集型的文化活动，很多东西要从头起步，从零开始，只要不耻下问，持之以恒，鉴定水平就会不断提高，有所收获。

一个成功的收藏家，必定有一个不断学习、与时俱进的过程，这一过程也是体验愉快、丰富人生的历程，是重过程而不重结果的一种修身养性的怡情。

古往今来，古玩是利润丰厚的行业，有所谓"三年不开张，开张吃三年"之说。绝大多数的收藏家同时也是精明的投资者。不管他有意或无意，事实上只要藏品是真的，随着收藏时间的延长，价值大多数都有不同程度的上升。有句古话："粮食生意一分利，药材生意百分利，古玩生意千分利。"每个时代都会涌现出一批新收藏家，他们的藏品可增值保值。低价时买进，玩够了，研究透了，此时也升值了，可高价卖出，利用周转资金去发现新的有价值的藏品。如此不断循环，不但增长了知识，而且经济上也大有收获。即便是只把收藏当业余爱好的收藏者，当他看到自己的藏品不断增值，也会感到无比的快乐。

有人说收藏品是成年人的玩具。也有人风趣地说："收藏，是傻子在玩接力游戏，一个傻人的藏品，总会有一个更傻的人来买，而且一直会有更傻的人不断地买来买去！这就是我们常说的'傻子买，傻子卖，还有傻子在等待'"在寻常人看来，喜欢收藏的人都是执迷不悟的奇人、怪人。其实，收藏家之乐，又岂是外行人所能体味的呢？

收藏行话

收藏界有一些习惯说法，其特定含义，只有圈内人才能准确地理解。但这些习惯说法并不是专业术语，而是日常生活用语的深化，有的涉及鉴定，有的涉及行业忌讳，与日常用语也有不少区别，所以称为收藏行话。

既然是收藏行话，就会因收藏品类的不同而不同，所以收藏行话是很多的。不过，由于青铜器、古玉器、古字画等是传统古玩中的大项，相关收藏行话最多，影响最大，后兴起的古玩收藏品，一般也是类比沿用，使行话的内容扩大了。

现择其主要，介绍如下：

断——"断代"的简称，即用鉴定的方法对古玩的年代进行确认，有评价和判断的意思。

掌眼、过眼——购买古玩时，请有经验的人帮助自己把关，帮助鉴别，叫"掌眼"。"过眼"的意思是问"是否亲自看过"这件古玩。

玩意儿——指可以拿在手中把玩的小件古玩，有一定的玩赏性。

请——请卖主把他的古玩拿出来，让自己看看，说"请出来"，这既是尊重店主人，也是表现了收藏者对古玩的尊重和喜爱。

匀、让——收藏者表示要购买某件古玩时，要说"匀"、"让"等。"匀"、"让"是请店主人割爱相让之意。忌说"买"、"卖"。

包上——决定买下某件古玩时，对店主人说"把这件古玩包上"，就成交了。

收起了——收藏者在看过某件古玩之后，请店主把古玩收回时的用语。因为古玩比较贵重的，店主把古玩交给你看，你看后无论中意不中意，都要将古玩放在柜台上，向店主说一声"请收起来"，请店主把古玩收回。这是对店主所做的一个交代。

吃——指某一个人以经营某种古玩生意为生，资格很老，对某几类古玩的鉴定和营销非常精通。

掉包——带有欺骗性的买卖行为，一般出在卖方。先出示真古玩，当对方决定购买时，则用另一件赝品替换。

漏儿、漏货——因鉴定失误，把某件很值钱的古玩以低价格卖出了；或把一件真货当成赝品卖了。

捡漏——以极低的价格买了一件很值钱的古玩；或以赝品价买了真品；或以普通藏品价买入一件珍品，都叫"捡漏"。"捡漏"是古玩爱好者所期望的一种机遇；"捡漏"也是对有艺术眼光的人情有独钟的回报。

砸了——因鉴定和估价方面的失误，

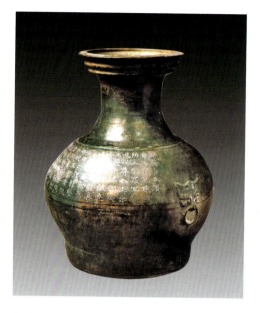

汉代　绿釉陶壶

高38.8cm
口径 20.7cm
底径 23.6cm
台北"故宫博物"院藏

汉代铅釉陶在历史上就是著名的收藏品，这种铅釉陶诞生于瓷器尚不发达的年代，是专供王室、贵戚使用的明器。

此陶壶仿青铜器而成，圆腹、长颈、兽面衔环耳。内外皆暗饰绿色铅釉。此汉代陶壶于早年出土，绿色铅釉在地下受浸，致使器表部分呈现银白色。

清代乾隆皇帝命人在壶的圆腹上刻了大段文字，表达他对对这类陶器的喜爱。

买进的古玩或是赝品，或是不值那么高的价钱，因以后不好出手了，故叫"砸了"，或"砸在手里了"。

手头——对古玩鉴定有经验的人，对某一类古玩的真伪鉴别有独到的体会和认识，有时用手一颠、一摸，就能够凭借古玩的肌理(纹理、颜色)、重量、硬度、做工等要素，对古玩的真伪、档次作出正确的判断。这就是手头。

手头不够——是说这件古玩的某几项特点与真品有较大出入，属于次品、赝品的范围。但古玩行忌讳直接说真货假货，说"手头不够"是"次品、赝品"的委婉说法。

手头够——是说这件古玩的各项特点与真品没有太大的出入，基本上属于真品的范围。但这种说法还保留了一定的回旋余地，表示这只是初步鉴定。

眼力——指看古玩的能力，也是指鉴定能力和评估能力。

打眼——指因鉴定上的失误，把假的看成真的了；也指因估价失误，用较高的价格买进或者低价格卖出，都叫"打眼"，又叫"走眼"。

有一眼——赞扬某一件古玩的品相还不错，有一定的收藏和购买价值。也是对某件古玩的初步判断。

眼毒——赞扬鉴定者或收藏者的眼光很准，鉴定水平很高，估价非常准确。

养眼——收藏爱好者在平时要多看多听多问，也就是要多看真品，才能保持对古玩的一些敏感性，叫"养眼"。有时也用于夸奖某件真品。

棒槌——指鉴定的功力不到，或者是一窍不通、滥竽充数的人。

撬行——当一个人在看一件古玩还没有把古玩放下时(即正考虑买不买之时)，另外一个人迫不及待地要提出要买这件古玩。这是一种不好的行为。

吃进——就是买下来。

扫货——指把一大堆古玩一次全部买下。

洗过、动过手——不懂行的人往往会出于卖个好价钱的心理，对古玩外表进行美化加工，原本想突出古玩的某些特色，却不料使古玩受到一定程度的损坏。又叫"动过手"。

在谱、靠谱——指某件古玩符合古代图录、档案的记载，叫"在谱"。有时对某人所作的古玩分析表示赞同，也说"在谱"、"靠谱"。

新、不真——鉴定古玩时发现赝品、假货，一般都不直说，而说"新"、"不真"。

小窑、小窑货——仿古作旧的陶瓷，要修改款识、补绘花纹图案，都要在釉烧的小炉中进行。小炉俗称小窑。所以这句话的真实含义是仿制品。

后门造——清代和民国时期，北京皇城后门的地安门一带有许多书画古玩店，专门制作仿古书画，俗称"后门造"，成为仿古品的代名词。

苏州造——清代和民国时期，人们把产于苏州的仿古工艺品称为"苏州造"。"XX造"就是指某一类古工艺品是产于某个地区的，如北京造、潍坊造、西安造等等。

新坑——指古铜器是新近出土的。现在使用范围扩大，变成行话，暗指新出土的文物。因为新出土的文物，绝大多数都是国家法律明令禁止交易的。

老坑——指古铜器出土年代较长。现在使用范围扩大，变成行话，指流传有绪的传世古玩。

坑口——指古玩出土的地点，有询

明代　象牙雕观音

高30cm

此尊象牙圆雕观音立像，体态优雅，面相安详恬静，衣纹简练，是明代象牙雕的代表作。1995年初次出现在翰海拍卖会上，以60万元成交，2010年以1600万元拍买成交，是目前所知拍卖价格最高的一件。

"寻宝"河北邢台鉴宝会

问来历的意思。

宫里的——指藏品出自宫廷。又有赞扬古玩的工艺制作水平和原材料都非常好之意。

行活——指某件古玩是业内流行、普通、批量化生产的样式，做工虽然中规中矩，符合专业要求，但因数量比较多、造型缺少变化，价值不高。也有"大路货"之意。

大路、大路货——指样式和制作工艺都一般；也有最差的意思。

东北货——指溥仪带到东北而散失在民间的古玩文玩。

线、上线、够线——线，指文物出境管理办法中所规定的文物出境年代的限制。①不论年代一律不准出境；②乾隆六十年（1795）以前一律不准出境；③宣统三年（1911）以前不准出境；④1949年以前一律不准出境；⑤1949年以后限制出境的已故著名书画家140人；其中，又分一律不准出境、原则上不准出境和精品不准出境三个细类。这五个时间段俗称"五条线"，符合条件的文物或艺术器，就叫"上线"、"够线"。

乱真——赞扬仿品几乎和真品一模一样，甚至鉴定家也难辨其真伪。

品相——最早是用来评品书法作品的术语，现在使用范围扩大了，成为一种综述评估概念。如果某一件古玩的外观质量和给人的艺术感受都非常好，就可以称为"品相好"。

卖相——指古玩有较好的外观质量，便于出手。有时也指某件古玩的式样、成色与销售的关系，若是当前销售中最流行的，叫"卖相好"；若是滞销的，则叫"卖相差"。

收藏忌讳

忌讳，是某领域、某行业内都讨厌的、公认不能这样做、也不该有的习惯。每个行业都有忌讳。所谓"外行"，其实是不知道行业忌讳，在无心或好意中做出了让从业人员反感、讨厌的言行举动。对于收藏入门者来说，应了解收藏业的一些忌讳。

（1）忌讳在公众场合对古玩说"真"道"假"

古玩店忌讳说"真"道"假"，只承认古玩在品相上有好有差，在年代上有老有新，价钱有高有低。因此在收藏市场和古玩店中，即便见到假货，也不能直言是假货，要用委婉的代言词如"年头见新"、"颜色见新"、"看不准"、"手头不够"之类。个中的分寸，双方自明，这样做可避免发生纠纷。

（2）忌讳在古玩店中指手画脚、快行走动

古玩店忌讳快行走动，是因为店内陈设、张挂许多古玩，指手画脚、快步走动、落脚很重，有可能会损坏古玩。其实，举止轻微，慢行轻步，既有礼貌，也是自我保护的有效措施。最好是背手缓行。

（3）忌讳"手对手"交接古玩

在古玩店中，顾客要看某件古玩，店主会拿出这件古玩递给顾客。这时，顾客伸手去接，店主就知道来者是一位不懂规矩的新手。事实上，店主也不会真的递给顾客，而是转手放在柜台上。顾客看后，无论中意不中意，都要将古玩放在柜台上，向店主说一声"请收起来"，请店主把古玩收回，这是对店主的一个交代。忌讳将古玩"手对手"交还店主，这其中有风险责任——无论是有意还是无意，万一有个失手，难分责任。如果顾客遵守不"手对手"交接古玩的规则，可避免"失手风险"发生；而且也表明自己是个老手，店主也不敢过分要价。

（4）忌讳买方在古玩店中先行出价、大声还价

选购古玩，讨价还价是无可非议的必然行为。但要有技巧，买方先出价，是一种忌讳：一旦把价钱报高了，货主就会顺竿爬，继续抬高价钱。所以一定要请货主先出价，这叫"询价"。"询价"可以避免纠纷。因为买方一旦出价，是表示肯定要买之意，这是行规，

如果货主同意卖，而顾客又不买时就会发生争执。顾客在"询价"后可以还价，但还价时忌讳大声。因为古玩店毕竟不是拍卖会，出货价钱不想让别人知道，特别不想让一些不相干的人知道。

（5）忌讳逛地摊时用脚指物

地摊是古玩销售的低档形式，许多古玩就摆放在地面上。一些收藏入门者，喜欢用脚去指点摆放地面上的古玩。这种缺乏礼貌的行为，犯了摊主忌讳。摊主会开出高价，回答这种不礼貌的行为。何况，用脚指物，存在损坏古玩的可能性。倘若因此引发赔偿纠纷，也会令人感到不快。

（6）忌抢货

多人看古玩，持古玩的人没拿定主意时，旁边的人却表态要买下，这便是"抢货"，这是收藏界忌讳之一。即使是面对一件心仪已久的古玩，也要静下心来，

战国　玉龙凤纹佩

美国纳尔逊博物馆藏

此件战国玉佩系平面镂空雕琢而成，以阴刻线表现细部。玉因受沁而呈棕红色。龙纹和凤纹的构图，不仅采用共用体的做法，而且还采用轴对称的布局，一对龙纹在下，作腾云飞翔状，一对凤纹在上，作相对之状。构图严谨，装饰风格很强，体现了战国时期就有高度发达的艺术理论。

民间寻宝会郑州会场

不能"抢货"。有时也会有几个人"抢货"，大体上以"托儿"居多。

（7）忌讳没征得货主同意就擅自用手去摸拿古玩

古玩种类很多，有许多古玩还具有一般人并不知晓的特殊的结构，如果未采用正确的持拿方法，随便用手一拿，就可能出现古玩损坏的情况。因此，在没有征得货主同意的情况下，擅自用手去摸拿古玩，往往面临极大风险。当然也有许多古玩并不怕人家用手去摸，但不管怕不怕摸，也只有货主才知道。

（8）忌讳没有征得货主同意就用自带工具来观察古玩

如果要用工具来仔细观察某一件古玩，最好使用店主人提供的工具，一般忌讳用自带的工具。如果因为工具的原因而造成古玩的损坏而赔偿，就不值当了。

（9）忌讳在古玩店中对古玩评头论足

店主人忌讳顾客对店中的古玩评头论足，特别是顾客较多时更是如此。因为无论是说好还是说坏，都会干扰和影响其他顾客的购买欲望。这种忌讳很易理解。

收藏与投资

多数收藏者是从兴趣出发，买点古董玩玩，但也有不少是以投资为目的。近年来收藏品市场火暴异常，各类藏品的投资回报率都很高，使得投资者蜂拥而入。但收藏投资者队伍中真正的行家里手少得可怜，绝大多数是盲从跟风。

作为初涉收藏界、以投资为目的的收藏者，必须掌握一定的基础知识，经市场磨砺才能有收获。

收藏是一个循序渐进的过程，同时收藏也是一个高风险、高回报的投资项目。投入与回报周期较长，不是吹糠见米、立竿见影的短期行为。开始时不能贪大求全。因为你除了经济实力外，其他基础知识等于零，一定要循序渐进。对一般收藏者来说，可以先用少量资金购藏一些普通藏品，目的是适应市场，并找到收藏品市场的规律与多种途径。开始要多与收藏经验丰富的人接触，多去古玩市场，多看实物，少购藏品。地摊小贩、店铺老板此时就是你的老师。经过一段时间的学习，掌握了一定的收藏方面的知识后，还要对收藏市场的各类信息进行综合分析。下一个阶段就要开始收藏自己最感兴趣、最熟悉的单一藏品。不熟悉的、不清楚的不能下手。千万不能猎奇。小试成功后，可以考虑进行实战投资，选择一些艺术水准高

的、升值潜力大的藏品进行投资。

对于不能确定真赝的藏品，可请有实战经验的专家掌眼。现实中不少藏家眼光不行，又很自负，都是买了成千上万的赝品后再找专家鉴定。如果在买藏品之前请专家，可以避免巨大的经济损失。其实专家的费用只是藏品开支的百分之几、千分之几。当然，专家必须是优秀的专家。如果专家找错了，反而会帮倒忙。如果暂时找不到专家，可以买"大开门"的藏品，"存疑"的藏品不要碰。同时多注意相关市场行情与拍卖走势，了解有关的收藏知识，为进一步收藏投资打下基础。

有了实战经验，掌握了藏品市场走势规律后可加大投资规模，找到一条适合自己又比较熟悉的买卖途径。投资收藏品，切忌博而不精，即使多项投资，也应沿着自己的主项拓展。只要拥有丰富的收藏知识，并将市场走势规律吃透，获得高额回报，只是时间早晚的问题。

搞收藏的人都知道"花最少的钱买最好的东西"，出手即可赚钱，这种想法能实现当然很好，但前提是你必须掌握有关收藏方面的各种深层次的知识。很多人花掉了一生的积蓄，换回的却是一堆破铜器瓷器。这种人也并非少数。

有一点要明白，越是稀珍、有名的

新石器时代晚期　良渚文化玉琮王

高8.8cm　射径17.1～17.6cm　孔径4.9cm
余杭反山墓地出土（1986）

玉琮为扁矮方柱体，内圆外方，上下端为射口，中有对钻圆孔，俯视如玉璧形。琮体四面中间有5厘米宽的直槽，四角由横槽分为等距的四节。器体宽阔硕大，纹饰独特繁缛，为良渚文化玉琮之首，得名"玉琮王"。直槽内浮雕8个神人兽面复合像，单个图像高3厘米，宽4厘米，用浅浮雕和阴刻线刻画细部。神像头戴大羽冠，双手扶持虎头，骑跨在虎身上。虎作蹲伏状，双眼圆睁，蒜鼻阔嘴，满口獠牙尖齿，前肢屈膝蹲伏，利爪毕现。含义神秘奇特，今人称"良渚神徽"。四角纹饰均以转角为中轴线向两侧展开，两节为一组，左右对称，亦组成8组神人兽面复合像，一组图像由上节之神人面纹与下节之兽面复合，构成良渚玉琮纹饰的基本特征和构图布列形式，这是神徽的简化形式。在有兽面纹的一节上，另一侧雕琢八只神鸟纹。这件玉琮是唯一在直槽内雕琢良渚神徽的孤品，制作精细。

自民国以来，民间便开始收藏良渚文化玉器，玉琮是良渚文化玉器中最有特色的器型，民间藏品中有少数是真品，但仿制品也甚多。

收藏品，造假的可能性就越大。因此收藏者一定要多研究、多掌握相关知识。只有不断扩大知识面，加深知识层，多看真器，多比较假器，以实物为据多加分析，切断一个"贪"字，就能买到真品。如果只想贪便宜买好东西，听信贩者讲故事，往往会把可识别的假货当成珍品买回去，待回家静心观看，才发现自己又上当了。

以投资为目的的收藏者，还要有洞察市场潜在热点的前瞻性，也要对未来市场发展趋势进行把握。有位收藏家，在20世纪七八十年代时（当时的赝品较少，价格低，还有很多精品、珍品）就意识到，随着我国经济发展，人民生活水平的提高，艺术品收藏必将成为一个新的投资热点，所以当时他买了很多名家书画。如潘天寿、齐白石、徐悲鸿等大家的书画，当时每幅最贵的才几百元，如今这些书画有的每幅已高达几十万、上百万元了。可见，收藏投资者独到的眼光和超前的意识，对于收藏投资而言是多么重要。

明宣德 青花藏文穿莲双龙纹僧帽壶

高22.6cm

台北"故宫博物院"藏

束颈，鼓腹，鸭嘴形流，扁平曲柄，圈足。壶口颇似僧帽，壶盖已遗失。青花色泽浓重，口沿和流均饰串枝灵芝，颈部饰蕃莲纹和八宝纹，腹部饰如意纹，内填折枝牡丹，其下一周藏文，大意为佛、法、僧平安。胫部饰莲瓣纹。此壶系专为西藏寺庙烧制。

清乾隆 珐琅彩婴戏纹双联瓶壶

通高21.5cm
足径9.8cm
口径9cm

故宫博物院藏

洗口，溜肩，肩以下收敛，足微外撇。瓶体双联式，纹饰用珐琅彩和粉彩绘制而成，主纹为两组婴戏图，绘于腹部：一面画四婴戏三羊图，寓意"三阳开泰"。另一面画九子嬉戏图，有一婴抱瓶，瓶口中飞出五蝠，寓意"福在眼前"；其他婴儿形态各异，尽情嬉戏，寓意"多子多福"。瓶底青花横书篆款"大清乾隆年制"。

《寻宝》纪实

本书作者参加大理寻宝活动

2006年11月份，中央电视台《艺术品投资》栏目本着高度的社会责任感和使命感，组织了数十名专家，对我国五十多座城市的艺术品进行拉网式"扫荡"，主要目的是通过《寻宝》栏目，搭建一个专家与藏家的交流平台，为藏家的藏品去伪存真，梳理我国艺术品市场，引导我国艺术品市场向健康方向发展。同时利用宝物展现该地区的人文景观、风土人情、文化底蕴，讴歌祖国几千年的光辉历史，专家组所到之处受到广大藏友和当地政府的热情关注和热烈欢迎。

在广州，一些藏家见到专家十分激动，跑上前紧握着专家的手。在辽阳和锦州，鉴宝现场所在的广场被成千上万人挤得水泄不通。在石狮，福建省委领导、泉州市领导、石狮市领导均赶来助阵。在珠海，人们早早就排着队，顶着烈日等待专家出场。在郑州，几位德高望重的专家出场，全场就发出热烈的掌声。在丹阳，市里四套班子领导，一直端坐在台上看专家如何鉴宝……本来属于"边缘"文化的收藏事业，蓦然间似乎变成了主流文化。小众文化变成了大众文化，一种并不为广大群众了解的文化现象，现在变得如此受到人们关注，这到底是出于什么原因呢？

在"寻宝"过程中，我们发现，进入收藏领域的不仅有普通百姓，还有许多财力雄厚的企业家、官员以及知识分子和明星，收藏的品种也可谓林林总总、五花八门。但文物是主流，因为文物是老祖宗留下的宝贵遗产，承载着厚重的几千年文明历史，记录着我国历史曾经有过的辉煌，展示着我国古代劳动人民和艺术家聪明才智及高超的技艺。文物收一件少一件，不可再生。随着社会文明的不断进步，人们文化水平和生活水平的不断提高，文物的历史价值、艺术价值和经济价值显得越来越重要。

近年来一些古代艺术品的价值上升了几百倍，甚至上千倍。有人提出，艺术品是继股票、房地产后的第三大投资项目。我国的许多媒体相继创办了有关艺术品投资的收藏类节目，如中央电视台的《鉴宝》、江苏的《家有宝物》、上海的《好运传家宝》、湖南的《艺术收藏》、河南的《华豫之门》、山东的《收藏天下》、福建的《问鼎》，还有北京的《天下收藏》以及香港凤凰卫视的《艺术品与收藏》。此外，还有许多报刊也相继开办了这类栏目，同时还有《艺术市场》、《收藏》、《中国收藏》、《收藏界》、《收藏家》、《东方收藏》、《收藏快报》收藏类刊物和报纸相继出笼，特别是福建《收藏快报》收藏类刊物和报纸相继出笼，发行量竟达到十万份左右，令人吃惊。由于这些媒体的"狂轰滥炸"，使千万群众涌向艺术品收藏领域。

要知道中国百姓对媒体是信任的，这些栏目的开办无疑对民间收藏进行了有力的推动。有些节目情节很简单，花几百块钱买件藏品，专家一估价几千；花几千块钱买件藏品，专家一估价几十万。钱来得太容易了！我国的艺术品收藏队伍从刚开始的几百万，骤然猛增到几千万。

高额回报的引诱，骤然致富的传奇，天天在引诱着人们，使一些人已经失去了理智。与此同时，还有一些人在不断地"忽悠"这些收藏者。凡是请他们鉴定藏

本书作者在鉴宝会上

本书作者与藏友一起鉴定瓷器

品，无论真假，不管优劣，统统说好。人都喜欢听好话，按照这些"专家"的指导，他们收藏的"珍品"越来越多，给全国成千上万的收藏者增添了信心，助长了自信。有些收藏者几乎是花光了家中的所有积蓄，因为他们的藏品得到了"专家"的肯定，10万块钱投资已经变成了100万，何不再继续投资……

此时此刻，全国各地的拍卖会也高奏凯歌，甲公司一件不起眼的拍品拍了800万，乙公司一件藏品拍了8000万，丙公司今年春拍一下子就拍了4个亿！听说有几件拍卖品是从地摊上买来的，买主只花了几百元钱……一个一个动人的故事，一件一件美丽传说似乎永不间断地在人们身旁萦绕。我国艺术市场正式在这种奇特的氛围下呈现出"繁荣"与"辉煌"。但也有人说现在收藏界是"战国时代"，四处硝

烟弥漫，此论不无道理。

"寻宝"栏目的专家们陆续走过50多座城市，鉴定过五六十万件藏品，赝品率竟到达90%以上。由此推断，我国有7000万收藏者，赝品可能达到数百亿！至少有6000万的藏者深受其害，极少数人已经觉醒，绝大部分人还蒙在鼓里！

浙江，一位民营企业家花了近亿元建了个私人博物馆，自称收藏的都是前无古人、后无来者的"国宝"。他所藏的瓷器、玉器全部用金银镶嵌，进门一看可谓金碧辉煌，好不壮观。可惜没有几件真品，大多数是现在一些不法商人臆造出来的。到目前为止，该馆主人还坚信自己的藏品全是"国宝"，只是暂时没被人们认可。他不时地在报刊上发表评价文章，今天开座谈会，明天开研讨会，后天开展览会，忙个不停！

广州，有一位退休的老教授，每月退休金有六七千元，平时省吃俭用，却花了很多钱买古玩。三年多来买了二百多件瓷器。参加海选时他只带来三件藏品。我看他年龄较大，将他从队伍中请到前面来看。我看后告诉他，这三件藏品全是赝品，他听后连声说："这还了得！这还了得！"我不明白老教授为何这样说？他说，先后买过二百多件瓷器，这次带来的三件是他认为最"开门"的。如这三件瓷器是赝品，那家里中的二百多件瓷器就全是赝品了！为安慰老教授，我便答应当天晚上去老教授家看看，我看后仍没有见到一件真品；有两件稍好，却还是后挂彩、后接底的。老教授得知结果后坐在床上几乎起不来了。出门时老教授与我握手道

别，我觉察到他的手在颤抖，在回宾馆的路上，我在想，老教授今后该怎么办……

珠海，一位企业家收藏了不少明清官窑瓷器。海选那天，他亲自驾车，将他收藏的一百多件瓷器送来请我们鉴定，出于安全考虑，还带了四名保镖。鉴定结果是没有一件古代官窑，绝大部分是改革开放后的仿品，可以说是全军覆没。听到结果，企业家心态还可以，只是红着脸笑笑，表示以后多注意。他刚一出门，便被一位女士气汹汹地拦住。我见此位女士与他年龄相仿，气质般配，猜想可能是他的夫人。那位女士厉声问道："怎么样？我早就叫你不要买，你就是不听！把家里的钱都花光了！"说着两人便吵了起来。我上前劝阻，同时递上一张名片，说："以

北京潘家园旧货市场待售的仿古青铜器

后买东西注意点，多看少买，请真正的专家鉴定后再下手，不要太自信。目前市场上的真东西不多了，稀世珍宝几乎是见不到了。"这位女士接过我的名片，随手撕碎，砸在老公脸上，便气冲冲地走了！

在广东省，有一位中外合资企业老板喜欢收藏佛像，经过十几年的寻觅，收了近五百尊佛像，大的高2米多，小的高几厘米，金、银、铜、铁、木等材料都有。近几年来，他请了不少"专家"来鉴定。今天这个说是真的，明天那个说是假的，把他也搞糊涂了。这次由我和金申先生对他的藏品进行鉴定，几乎全是近二十年来尼泊尔和内蒙古制作的仿品。他开始不服气，听我们讲了许多不对的理由，真在什么地方，假在什么地方，他口头上是服气了，但心里还是不服。

红山文化 玉太阳神

高7.2cm

早年传世品，1996年北京翰海拍卖公司以242万元成交。虽至今未见科学发掘红山文化玉人科的报导，但有一批早年出土的红山文化玉人，在民间流传或流失海外，有些已见诸于国内外博物馆和私人藏品，玉太阳神是其中较著名的一件。有人认为是一个件双头单身手抚双膝的坐式神像；也有人认为是双神人并坐像。

红山文化 玉圆雕翔鹰

宽3.5cm 高3.7cm

玉鹰两爪抱于胸前，似双翼微后掠滑翔之状。轮廓棱角打磨得圆浑，具有含蓄之美。此玉鹰与辽宁省阜新市胡头沟出土的红山文化玉鸟的形制、雕工相同，可证为红山文化遗物。

在浙江，人们向我们推荐了一位大藏家。此人从海外回来，热爱祖国文物。自称近年来收藏了大量青铜器和近万件红山文化玉器。我告诉他："从红山文化时期一个首领墓中最多出土几十块古玉。你收了一万块多块红山古玉，要挖多少个首领的墓才能得到？你想一下就清楚了。全国收藏红山古玉有数十万人，加起来，红山古玉有上亿件，怎可能都是真的吗？"他说："我有书可供参考。"说着，把有关红山玉器的画册拿了出来。我告诉他："此书上刊载的红山古玉几乎全是假的，这是一些人花钱为自己藏品出的书，目的

红山文化 黄绿玉镂雕钩云纹佩

宽13.7cm 高6.4cm 厚0.75cm

傅忠谟先生藏品。黄绿玉，佩饰。做法与红山文化遗址出土的钩云纹佩形制雕工相似，可证为红山文化玉佩。

就是宣传自己的藏品。有些是红山文化时期根本没有的器型，全是臆造的。北京就有这么几个'专家'，整天在'忽悠'红山文化玉器，许多老百姓不懂，上当受骗的很多……"我的话还没说完，他又拿出一大堆证书，我发现北京一位老专家在六个不同鉴定机构开具的证书上签上名字。这位老专家，正是我前面提到的北京那几个"专家"中的一个。我告诉他："在北京，几乎所有古玩商、拍卖公司一看到持有这几个专家签名证书的文物，连门都不让进。这几个人在北京混不下去了，又在全国建立了十多个中心，继续'忽悠'，还有不少人继续上当。"听了我的介绍，他有点醒悟，摇摇头，说："唉！这几年太冲动了，把我从国外带回来的钱几乎全砸在这上面了，还卖了一套房子！"

在湖南，有一位藏友来见我们，拿出一件玉器，说他捡了一个漏，而且是"天下第一大漏"！他说他仅花40元人民币买下这件玉器，现估价应在4000万元以上。能用40块钱的低价，买下价值4000万元的藏品，这当然是"天下第一大漏"！我看

后告诉他这是一件常见的赝品，谁知他很生气地说："你们这些专家眼力不行！既不懂鉴定，也不懂市场！"在那儿纠缠了很久，安全人员只好将他请到外面去了。从早上8点钟一直到晚上9点海选结束，他呆呆地站在那里，一会儿狠狠地瞪专家几眼，一会儿又低头笑笑，一会儿又帮助维持秩序，有时又说别人的东西是假的……这类藏者我们见到不少。谈平常事，他们很正常，一谈到藏品，他们的情绪就控制不住了！

在辽阳，来鉴定的藏友很多，可以说是人山人海，连充气的拱门都被推倒了。有一个人拿一件玉器给专家看，专家说是假的，他便破口大骂："你是什么专家！到我们东北骗钱来了！"其实我们鉴定文物是不收费的。专家反问："我们收你一分钱了吗？"此时来了两个警察，把他劝出去。

从这件事情以后，我们专家组成员都改变了问话的技巧。比方看见一件赝品，不要马上告诉他这是赝品，而是说"这东西质地不错，工艺也可以，就是年代晚了些，作为文物收藏不太行，但作为艺术品收藏还可以"。如果他买来本身就很便宜，告诉他并没有吃亏，过几年会升值的！这样一来，避免了许多冲突。因为收藏队伍中有些人文化水平不高，不少人是打着收藏名义做生意的。你说人家的东西不好，自然会挨骂。所以说，有时说真话会挨骂的，说假话又违心。因此，我每次在鉴定藏品之前都会对收藏者说："说好是害你，说不好是爱你。"先打个预防针。这一招果然很灵，至今没被人当面骂过。这句话目前已成了收藏界的"名言"了，成了不少鉴定人员的口头禅。

大理国　金铜阿嵯耶观音立像

收藏可以说是一出悲喜剧，有人欢乐有人愁，有人悲哀有人笑！在"寻宝"过程中，我们也遇到了一些鲜为人知的民间国宝。有一个老太太，家中吃饭所用一个碗，竟然是清雍正年间烧造的官窑碗。

在莆阳发现一枚铁制错金银的镜子，可谓稀世珍品。

在大理，发现了不少宋元明清时期的阿嵯耶（观音）像。

在泉州，发现了著名艺术大师制作的掌上木偶，此类木偶曾被周总理当国宝赠给日本首相。

在保定，发现了十几尊做工精美的四大天王，而当地老百姓却不知道是什么佛像。

在南京，发现一尊有"大明永乐年施"铭文的铜鎏金度母像，因为"大明永乐年施"佛像是南京始造还是北京始造，至今是个谜，专家各有看法。这尊佛的发现，也许是从南京始造的一个有力的佐证。

在辽阳博物馆，我们发现一件直径42厘米的雍正官窑烧造的九桃纹盘，此前对这件九桃纹盘的制作年代一直定不下来，有人说是光绪年间仿品，经我们会诊，认为应该雍正年制造的稀世珍品。结论有了，当地政府和博物馆很开心。

与此同时，我们还帮助地方博物馆对收馆藏品进行鉴定，对一些藏品进行断代，改正了一些断代错误。

在整个"寻宝"过程中，遇到了形形色色的故事，这里不可能一一叙说。

这里我想谈谈"寻宝"栏目是如何选择鉴定人员的。这是一个非常复杂的问题，鉴定人员选对了，这个节目也就成功了一半。全国博物馆、大专院校、学术机构、收藏协会、文物公司以及民间的文物鉴定专家数以万计，而文物鉴定鉴定人员不同于其他门类的专家，不怎么"硬性"：有的人在博物馆里呆了几十年看不懂文物的真假，有的人学了几年，眼力却很好。要在全国专家队伍中挑选出十几位真正有水平的鉴定人员是很困难的。在实践中，在许多次接触过程当中，和以往在收藏界活动中对一些专家的认识程度的基础上进行考察选拔。同时，因为是上电视节目，还要注意形象。有的人肚里有货，说不出来；有人形象很好，肚里没货；有的长相

本书作者、专家在鉴宝会上与藏友交谈

不怎么样，鉴定眼力却很高。所以凡上镜的文物鉴定专家必须要具备几个条件：一要人品好，二要有才华，三要有眼力，四要口才好，五要形象好。并大胆启用民间鉴定家，因为他们长年累月战斗在第一线，辨伪能力较强。专家找对了，才能引导我国艺术品市场向健康方向发展。电视台作为舆论的喉舌，应该有高度的社会责任感。

最后，我们启用《寻宝》栏目文物鉴定专家大部分是文化部艺术品评估委员会的委员。因为文化部艺术品评估委员会是在党中央和国务院的关心下，为规范我国的艺术品市场成立的。这些专家全是国内拔尖人才。中央电视台与文化部艺术品评估委员会战略合作，最终取

得了很好的效果。《寻宝》栏目走进了全国五十多座城市，为广大藏友梳理了五六十万件的藏品。许多藏家的赝品被否定了，但他们心服口服。在广州，我们一到现场，就有一群藏友冲过来握住我们的手，激动地说："你们是红军，我们终于把你们盼来了！现在'新加坡'（新的、假的、破的）太多了，以前被害惨了！"

《寻宝》栏目文物鉴定专家一出场，全场就会响起阵阵掌声。在厦门，一位藏家特地买了一束鲜花送给我，我十分激动！这辈子从来没有人送鲜花给我，第一束鲜花来自鉴定岗位上，这激励我要更好地学习，要为藏友多做些贡献！

第二篇
鉴定理念要更新

鉴定与鉴赏不同

本书作者与藏友一起鉴定青铜器

鉴赏和鉴定，都是因收藏而发生的活动。但鉴定与鉴赏不同，两者不可混为一谈。不少新闻媒体在报道一些考古发现、收藏活动时，时而称某人为鉴定家，时而又称其为鉴赏家。这是混淆了概念，用词不当。

鉴赏，是因艺术品收藏而引发的艺术审美活动。重点在于品评立意（主题）、做工(构图、章法、设色、用笔)、艺术传达等艺术手法的优劣等内容，并且涉及与同类艺术品的比较、排名、艺术价值高低等内容。

鉴赏虽因艺术品收藏而起，却对艺术品的今后发展具有重要的指导作用。我国最早的绘画理论，就是因皇家收藏文人士大夫画家的作品而以出现的。魏晋六朝时期，出现了一大批文人士大夫画家，使绘画从工匠画中独立出来，上升为文人艺术画，成为皇家重点收藏的艺术品。皇家为收藏文人艺术画，出现鉴赏绘画的基础理论——顾恺之的"传神论"和谢赫的"六法论"。

鉴定，主要有辨伪、断代、价值评估这三项内容。这三项内容具有相互关联性，共同组构了文物鉴定的核心内容。

辨伪，是要在真文物、假文物之间做出判断。判断的依据固然与材料的真假有关，但更多要依据文化、艺术、工艺等因素，由于器型、纹饰、做工是时代文化、艺术、工艺的物化形象，体现了一个时代文化的显著特征。所以，文物鉴定都要从器型、纹饰、材质、做工入手。

断代，是在真文物的范围内对其制作年代进行考证，其依据仍离不开器形、纹饰、材质、做工等时代文化特征。

价值评估，不仅与文物本身的情况有关，还与存世量、市场行情有关。

做一个优秀的鉴定家不容易，做一个好的鉴赏家更不容易。他们除具备鉴定家的条件外，还需要有很高的艺术修养、认识能力、审美情趣。通常不少人在选购藏品时，首先考虑的是文物的真假，其次是考虑文物的做工是否精美，往往忽视了藏品"寓意"、"象征"等艺术内涵。许多收藏类图录也是如此，只谈鉴定，不论鉴赏。

古人在这方面，做得比我们强。仔细

本书作者出席鉴定会

在鉴宝会上的古玩鉴定专家

赏析一下许多古代艺术品，就会发现他们在制作艺术品时不但认真，而且深思熟虑，独具匠心，早已将我们常挂在嘴边的"主题"、"立意"、"寓意"、"象征"等现代文学、美学辞藻，运用到实践中去了。许多古代艺术品不仅只是外观的美丽，更多的是给人以"满含寓意"的"二次美"的享受。不少人没有注意到这一问题。

搞收藏只知鉴定不知鉴赏不行。将一大堆古东西收罗回来，收起来不去分析、研究，文物收藏就失去了意义；也不能与人共享和陶冶情操。"大路货"的真东西买了许多，即便摆了一屋子，不可能成为一位好收藏家。此类收藏家，笔者见到不少，因为这类作品略领不到古代艺术家的博大胸襟，卓绝的技艺，深邃的思想意境。我们常说：人美不在其表，更在其里。因此遇到一件古代艺术品时，我们既要带着鉴定家的眼力去看它，也要以鉴赏家的思维去分析，看到它的"潜在"的"深刻"的艺术魅力。这样买回家的东西才会越看越美，越有收藏价值。

古玩市场，卖"型"的商人较多，而卖"意"的商人较少，由于文化水平的良莠不齐，一目了然的作品他们看得懂，寓意深刻一点的，就难了。其实，有时候"意"比"型"还要珍贵。因此说，鉴定与鉴赏不一样——"型"只能给你带来短暂的欢乐，而"意"能给你无穷的、漫长的欢乐和愉悦。

一个成功的收藏家，不仅要有鉴定水平，还必须有很高的鉴赏水平。

标型学与文物鉴定

北京有大大小小艺术品拍卖公司几十个，可谓占据了中国艺术品拍卖的半壁江山。其中，有些拍卖公司的鉴定人员水平良莠不齐。某拍卖公司的一个鉴定人员，过去是文物商店的老职工，看东西颇有经验，对一般官窑瓷器、民窑精品，断起来十拿九稳，但遇到"高、精、尖"、"新、奇、特"的作品，就不敢表态了。原因是这些人受老书本、老理论的影响，根深蒂固，"标型学"是他们鉴定的唯一法宝。

我认为"标型学"只能作为参考，不能迷信。中国历史源远流长，文物浩如烟海，遗存下来的文物实在太多，对一位鉴定师而言，不可能看到每一种文化艺术品的"标型器"，也绝对不能因为没有"标型"，就轻易地把一件珍宝否决了。

还有一家拍卖公司，因缺乏鉴定人员，招聘了几位文博专业毕业的大学生。这几位大学生都二十来岁，理论知识不错，但看东西的眼力实在不敢恭维。我有一位朋友是大收藏家，送去一尊明代大佛和一件元末明初的青花罐，请他们鉴定。因为这两件东西实在太好了，很少见，文博专业毕业的大学生看不懂，不敢说是真的，都只敢说是民国时期的。眼下有不少所谓的鉴定家，凡见到认不准的东西，只要有旧气而不是新仿的，都说成是民国时期的器物。看来"民国时期"在许多鉴定家的心中，成为眼力不准的托词。后来，那两件藏品成了别的拍卖公司的宝贝。我粗略计算，与这两件藏品失之交臂，使这个公司蒙受了几十万元的损失。

文物鉴定是一项十分复杂的、艰难的工作，有眼力的鉴定家，绝对是经过长时期练就的，即所谓"冰冻三尺，非一日之寒"。刚走出校门的大学生，学过理论基础是好事，但还必须进行长期实践，要注重理性和感性相结合，才能成长为一名有眼力的鉴定家。专业人员不能只注重理性的探索，还要深入民间，虚心向民间人士请教；民间人士也不能只凭感觉，也要虚心向专业人员学习理论知识。懂历史，学经验，这样才能练就一双火眼金睛。我所推崇的古陶瓷鉴定家高阿申、马广彦，他们都是民间人士，为何有很高威望？原因就在于理论和实际结合得好。当然，搞文物鉴定的人还要有"悟性"、"灵气"。

《新文物法》的出台，给了我们收藏界一个光明的世界，我们的专业鉴定家和业余鉴赏家、理论家，应该利用这难得的机会锻炼自己，拨乱反正，摈弃错误的、模糊的、偏颇的观点，要谦虚谨慎，不骄不躁，拿出一批真正从实践中总结、对

唐　三彩陶卧驼

高25.4cm　长31cm

陕西博物馆藏

此件三彩陶卧骆驼，在陕西西安唐墓中出土。

三彩陶是重要的收藏品类。三彩陶始于唐代，宋代、辽代仍盛行，以制作墓葬明器为主。唐代三彩陶于20世纪初期才被发现，成为著名的艺术收藏品。在20世纪中后期，收藏价格很高。但也引发了复制热，因仿制品太多，造成市场价格一落千丈的现状。

比得来的、能反映事物事实真相的科学结果，奉献给广大收藏爱好者。因为文物界有其特殊性，与其他行业相比还有许多不尽如人意的地方，还有许多事情要做。不过，这也给我们搭建了舞台，可以上演更多、更好、更精彩的"剧目"。

文物鉴定应理性和感性相结合

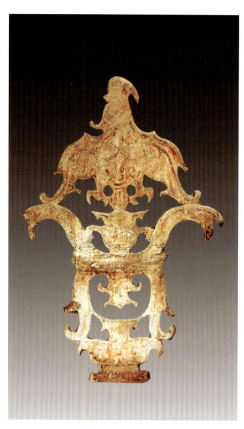

赝品泛滥，是目前收藏界的一大弊病。一般仿品，还好鉴定，面对那些"高仿"之作，鉴定就不那么容易了。不要说一般的鉴定师，就连国内一些"顶级大师"都感到头痛。赝品泛滥，严重阻碍着收藏事业的健康发展。一些刚走入收藏界的新手，因买了赝品而及时罢手；一些玩了许多年的藏家，因"走眼"而"金盆洗手"……如果总是这样下去，第四次收藏热过后，很难再会有第五次收藏热！

一些人提出收藏界要打假。有人说文物收藏不好打假。造假者会振振有词地说："真正的文物毕竟有限，价格又很高，需要的人很多，你能满足这些人的需要吗？仿几件来卖，价格低廉，既满足了一些人的需要，又弘扬了民族文化，为何不可？历代历朝对假文物也没有打过假。"出售假货者会说："我没什么文化，小学都没毕业，看不懂这些东西是真是假。你说它是真就是真，你说它假就是假。再说，我也是花银子买来的，周瑜打黄盖……"

收藏者买了件藏品，如果认为是假的，找卖主说理，卖主大都不承认是假的。找专家来鉴定，如果这位专家头衔挺大而眼力不怎样，把假的看成真的，把真的看成假的，那就麻烦了，不知会发生多

石家河文化　玉鹰攫人首佩
高6.8 cm　宽4.7 cm
天津市艺术博物馆收藏
石家河文化于20世纪中期发现于湖北，年代为新石器时代晚期。这件玉佩呈黄灰色，呈扁平状，构图对称。雄鹰高展双翅，利爪攫持人的头部，双目圆瞪，凶狠无比。"鹰攫人首"是一个很有时代特色的题材，对于其在文化学上的意义和断代作用正在探讨之中。

少"冤假错案"！

过去发生过一件国宝走私案，警察在火车候车室里发现一位旅客提着沉甸甸的帆布包，有些怀疑，便让打开检查，看见里面竟然包着数十块古玉。于是该旅客被请进公安局。公安局局长认为这可能与盗窃倒卖国家文物有关，立刻与本地博物馆联系，请派专家前来行鉴定。专家认定这批古玉中有商代、西周、战国古玉器，皆为国家一二级文物。公安局立刻把它列为重大文物走私案，进行审讯追查。但当事人只承认是自己制作的仿古玉。此事反映到公安部，请几位北京的玉雕鉴定专家进行鉴定，还利用各种仪器进行鉴定，最后结论是：这批古玉还真是现代制作的仿古工艺品。

历来古玩市场就是有真货有假货，这是不争的事实。有人认为，如果没有仿品，就满足不了各种层次消费者的需要；若没造假，多少文物鉴定机构都要解散了，没事可做啊；多少家工厂可能要倒闭了，许许多多人也要失业了，古玩市场也不会那么繁荣了！

笔者曾同史树青、张浦生等国家级鉴定家开玩笑说："如果市场上全是真品，您二位只是普通的老头儿，说不定现在正在哪家敬老院里晒太阳呢！"两位老人听了哈哈大笑！

眼力好，最重要

现在，我们处在一个竞争十分激烈的时代，各行各业的竞争可以说是非常残酷的，收藏界也不例外。有人眼力好，运气好，"四两拨千斤"，投资很少却成了藏品价值上亿元的收藏大家；有人眼力差，

石家河文化　玉鹰攫人首佩

高9.1cm　宽5.2cm　厚0.9cm
故宫博物院收藏

石家河文化定名在20世纪中期，但石家河文化玉器在古代偶尔有出土，因是古玉被收入宫廷，成为所谓的"传世品"。

这件玉佩呈淡黄色，有赭色沁。平面镂雕鹰攫人首画面，鹰在上，展翅，头歪向右侧，身饰浅浮雕翎纹，头两侧镂雕诡异图案，鹰爪下各攫一人首，额部短发，脑后披长发，眼、耳、鼻、嘴皆以阳线雕出，但明显有图案化的倾向，是为特点。

运气差，"万元购稻草"，成堆的人民币打了水漂。笔者身边就有那么几个人，原有资产上千万，因收藏文物不断"打眼"，如今龟缩在家里不敢出门……要想在收藏界这个光怪陆离、绚丽多姿的领域成为一条纵横自如的蛟龙，魄力和财力其实是第二位的，重要的是"眼力"。

眼力好了，好东西自然会出现在你的

北京潘家园旧货市场待售的仿古瓷器

面前。有一位报社老总热衷于收藏陶瓷珍品标本，并热心研究古代文化，学有所成，花费精力办了份《收藏快报》，以宣传我国的传统文化为目的而受到好评。其成功的原因来自于他的谦虚好学、不耻下问。

笔者也见过与他截然相反的人，你对他的藏品说一句"看不准"，他就会回敬你十句，到头来还是他辛辛苦苦挣来的人民币打了水漂……当然，专家也不是神，也有看走眼的时候。不过，既然人家提出了问题，自然有一定道理，仔细听听有啥坏处？搞收藏最大的忌讳，就是只要听见别人夸自己的东西好，就认为是遇上大行家；听别人说自己的东西不好，就十分生气，说别人是外行！俗话说"三个臭皮匠，顶个诸葛亮"，毛主席说"虚心使人进步，骄傲使人落后"，这些虽然是人所共知的老话，但搞收藏的人还是需要重新温习一下。

搞收藏的有不少人都会觉得自己的眼

力不错，觉得别人都不如自己。事实上，真正眼力好的人太少了。就像全国有成千上万的书画家，然而真正写得好、画得好的也只有那么几个人。有人有艺术天赋，再加上不懈努力，自然会成为好的艺术家；有人天生就不是这块料，却非要削尖脑袋往里钻，自然成不了大器。书画艺术不是每个人都能搞的！说实话，笔者进入收藏界近二十年，不知走过多少次眼，吃过多少亏，直至现在眼睛还有时不好使，仍会走眼。因此我认为，你就是再聪明，再有文化，见过的文物再多，也不一定百分之百鉴定正确，世上没有绝对正确的专家。我曾问过一位知名的鉴定专家："你鉴定文物有没有走过眼？"他竟然说："绝对没有！"我笑了："老兄，你那个'绝对'是'绝对'错了！"因为文物鉴定专家与其他方面的专家不一样，中华民族历史悠久，珍贵的文物宛如恒河沙数，而鉴定专家只能接触历史遗留下来的少得可怜的一小部分文物进行推理、分析、对比、判断，最后得出的结论，很难保证没有失误，怎么能说绝对呢？

好眼力 源于理性和感性相结合

要想提高自己的鉴定眼力，笔者有一点小小的体会，就是文物鉴定应该理性认识和感性认识结合。

所谓理性认识，指文物的特征，要符合制作时代的特征和必须具备的各项条件。这是一个复杂的话题，需要鉴定者具有广博的历史知识、文化知识、文物知识。

所谓感性认识，指鉴定者在仔细观看、触摸文物时所获得的感受和印象。对于文物，鉴定者有异于常人的感受和印象，这一点十分重要。许多久经沙场的民间鉴定高手，也都这么认为，虽然他们的

眼力并非百分之百正确，但比一般的理论性专家强多了。

感性认识，往往是只能意会不可言传，没有受过专业训练和没有悟性的人很难理解什么是感性认识的。所谓悟性，是人们理解知识、消化知识、提炼知识、融会知识、检索知识的能力，同时也体现在学习、掌握一门技艺、知识的优劣快慢程度。悟性高的人是不是有"天分"？我不敢妄下断言。但我知道，大学中文系是很难培养出优秀作家的；音乐学院的毕业生，即使曲式、对位、和声、管弦乐法学得非常好，但就是写不出好旋律，因为他没有灵气……这说明什么问题呢？理性问题好解决，感性问题就不怎么容易解决了。有人说，一些博物馆的专业人员理论知识强，文物的每个时代的特征和必须具有的条件可以倒背如流，就是悟性不强，

本书作者与金申在鉴定青铜器与铜佛像

感觉太差；也有人认为，不少业余人士悟性不错，感觉良好，新旧东西一看就知道，就是讲不出道理。这两种说法究竟哪一种是正确的？我仍不敢妄下断言，但我知道一点，理性和感性结合得好的话，对收藏者来说，赝品应该会少买一些。

对一尊金铜佛像的理性分析

有一尊金铜佛像，没有"标准型"可供参考，属于孤品。北京专家说"看不懂"，上海专家说是"好东西"，南京专家说"是假货"，日本专家说是"国粹"……争议很大，收藏者头晕了！怎么办？只有采用理性和感性相结合的方法对其进行全面分析，来判断它的真伪。

该佛高30厘米，束髻发式，面颊丰润，大眼高鼻，具有中亚人的特征。颈佩串珠璎珞，连珠纹华美，似承波斯艺术之风，疑似印度或尼泊尔制模制作。史载，南朝萧梁的梁武帝萧衍笃信佛教，曾遣使印度制模造像，都城建康（今南京），成为当时江南的佛教中心，寺院林立，曾制作了大量金铜佛像，但因历史的变迁，南朝金铜佛像的遗存物甚为少见。此尊金铜佛像在南京周边的江宁县出土，疑为南朝遗物。

翻阅海内外收藏中国佛像的资料，发现美国宾夕法尼亚大学博物馆藏有一尊石灰岩造像，高193厘米，其风格、造型与此尊金铜佛像基本一致。查看该佛像铭文得知为大周（北周）天和五年（570）造，隋开皇三年（583）重修。北周年代比南朝梁稍晚，与南朝陈基本同期。当时南、北双方在文化和佛教方面多有交流，佛造像方面究竟是北朝学习南朝，还是南

明朝　金铜说法印佛坐像

朝学习北朝，都没有翔实的证据，只能进行科学推理。

当时我国佛教中心在南朝，南朝的首都建康（今南京）自然是中外佛教文化的交流中心。当时只有南朝皇家遣使到境外学习制模，从道理上来讲，北朝人应向南朝学习的。因此，美国宾夕法尼亚艺术中心所藏那尊佛像，很可能是以南朝佛像为样板制作的，不然在没有样板的情况下很难制作出这样一尊具有波斯风格的佛造像。另从制作年代考虑，南朝萧梁的立国时间比北周早几十年，因此那尊佛像的制作时间应该是南朝陈宣帝时。这样解释就合情合理了。

美国宾夕法尼亚大学博物馆藏菩萨像上并没有五胡十六国佛造像的特征，也无北魏及南朝前期佛造像的风韵，直到隋代才出现类似风格的佛造像，唐代造像风格与隋代佛造像的风格又有较大的变化。因

十六国时期　带有佉罗文的金铜禅定佛坐像

高13.4cm

十六国时期的金铜佛像较为少见，与人们不识真货有关，如本图所示这一件，是1979年西安文管会从收购的废铜中发现的。

此尊金铜禅定佛坐像，特征明显，磨光肉髻，身穿通肩式大衣，衣纹呈起伏阶梯形，面相有些类似汉族，佛像背后刻有佉罗文。据日本林梅村先生考证，此佉罗文的大意为"此佛为智猛所赠（或制），谨向摩列迦之后裔，弗斯陀迦•慧悦致意"。

此，从佛造像的时代风格来看，这尊菩萨像也应是南朝中后期的作品。

退一步讲，如果是南方学习北方，那这尊菩萨造像应该是隋代的作品。故有专家将此像定为隋代作品，也有一定道理。不过，谁也拿不出确凿的证据说明这尊造像就是梁武帝遣使去印度学习制模带回来的那批佛像，或是用国外模具带回国内生产的作品，只有把时间跨度放大一些才合理，这样断代比较科学。

至此，鉴定不算完成，还要看这尊菩萨造像是否具有汉传金铜佛像所必须具备的一些因素。

首先，汉传金铜佛像历史悠久，但传世品很少，大多属于出土。此佛像皮壳共有四种色泽：黑色、绿色、金色和红色。

黑色为黏土，绿色为绿锈，金色为鎏金，红色为"枣皮红"。黏土是最外层的附着物，出土的金铜佛像与出土的青铜器是有区别的。青铜器大都出自墓葬和窖藏，入土较深。金铜佛像大都是因战乱、毁庙、灾害、丢弃等原因入土，入土较浅。文博界将较浅的地层称为"熟地"，将较深的地层称为"生地"。"熟地"的情况较杂乱，出土于"熟地"的金铜佛像都比较脏，有些金铜佛像在入土前就是"香熏黑"或已经斑驳不堪了，所以表面情况更加复杂。

由此可以认为这是一尊出土的金铜菩萨像，但已被清理过，出土时间不太长，因为脱金部分还没有形成"传世古"。

这尊金铜菩萨像为失蜡法制作。古代金铜佛像绝大部分是用失蜡法制作。因为失蜡法技术含量高，可以制作出十分复杂、精美、细腻的器物。这尊佛像采用的正是这种工艺，与历史工艺情况相符。铜

本书作者在鉴宝会上鉴定青铜器

质为红铜。鎏金工艺也是采用"汞银鎏金法",与古代鎏金法一致。从制作工艺来看,完全符合当时的工艺情况。

从道理上说,这尊佛像的断代应该是"过关"了,但我们还不能肯定这就是一件真品。因为现代造假技术十分高明,"造假专家"们完全可以解决这些对他们来说并不十分复杂的技术问题。因此我们还要从感性上来加以认识,这一点也许更为重要。

对一尊金铜佛像的感性分析

总体看上去,这尊金铜菩萨像神韵生动。菩萨面带微笑,显得十分善良、慈祥、亲切,仿佛一位活生生的人站在你面前,即行内所说的把"神韵"做出来了。这一点是当代一些造假者可望而不可即的。

整体来说,这尊金铜菩萨像全身的造型结构和衣纹十分清晰、流畅、洒脱,

没有造作之感,与仿品线条模糊、软绵绵或动作僵直截然相反。尤其是那两只纤细的手,十分灵秀迷人,很有韵味。现代仿制的金铜佛像,一般会注重面相的刻画,但不足总是出现在手指上,这与伪造者文化底蕴不高、修养不够、急功近利而顾此失彼有关。佛像身上的四种色泽也十分自然,黑色已清理,露出了绿锈,绿锈色泽美丽,似翡翠般迷人,而且十分坚实地紧贴在胎骨上。"枣皮红"色泽自然,红铜胎质清洗磨损部分目前为棕褐色,这种"地子"随着传世时间的延长,会逐渐变黑,形成"传世古"或"黑漆古"。佛像的金色与目前一些仿品金色截然不同,色泽纯正,橙黄闪白,并有宝光。总体感觉此尊佛像气息很好,有韵味,有精神,有古意,没有仿制和臆造痕迹,至此我们可以确认这是一尊金铜佛像真品。

以上我用理性和感性相结合的方式对这尊金铜佛像进行了鉴定,但是这并不能说明我的判断是百分之百正确的,有条件时还可以做一些科学试验,以此检验自己判断的真实性。笔者对佛像上的绿锈和"枣皮红"进行了化学试验,结果证明,绿锈和"枣皮红"中没有人造化工原料,完全是自然环境中产生的,从而证实了自己的判断。这里要指出的是,"理性和感性相结合"并不是笔者的发明,现在许多鉴定家都这样做,只不过没有注意总结为理论罢了。

对文物理性的把握,来自于不断地学习,感性认识的提高,来自不断实践。收藏爱好者既要读书,也要跑博物馆和市场,久而久之,眼力会大大提高。哪怕你原来是一只菜鸟,翅膀练硬后也会飞得很高⋯⋯

痕迹学与文物鉴定

谈到痕迹学，我们会联想到犯罪与破案。公安机关破案，靠的是犯罪者留下的"痕迹"，没有犯罪痕迹的现场，会给破案者带来很大的麻烦。现在犯罪分子越来越狡猾，作案时千方百计不留下痕迹。

文物造假也是这样，造假者挖空心思，想方设法将赝品做成"旧东西"，以此蒙蔽广大收藏爱好者。做旧的方法也在不断改进，以前一件瓷器仿好后，要用鸡皮、牛皮等在瓷器表面摩擦数日，把"火气"和"贼光"褪掉，给人感觉此物有旧气，很像真正的古瓷器。现在，手段更新

了，把新瓷器泡在氢氟酸溶液中一会儿，把新瓷器的特有的"火气"和"贼光"全部褪掉了。一些文物鉴定师为什么在鉴定时总是走眼？关键是他们没有研究造假方法，没有研究"痕迹学"在实践中的运用。

痕迹学很重要

人们大多以为文博研究员是专门研究文物断代与辨伪的，其实，过去的大学没有这一学科，近些年一些大学才开始设立这类学科，所以我国的博物馆（院）没有

古玩鉴定专家在鉴宝会上

本书作者与金申在鉴定青铜器与铜佛像

设立文物鉴定部门，有个别的设立了文物鉴定站，那是为文物出境服务的。文博研究人员只是对古代器物制作的历史背景、文化背景、工艺、标型等来龙去脉进行研究，没有鉴定业务，他们大多数是人类学系、历史系、中文系毕业的。在这些学科的课程里并没有辨伪学，更没有"痕迹学"。所以我说文博研究员不见得就是文物鉴定家。

想当一名文物鉴定家，必须补上"痕迹学"这一课，大多数鉴定家也要补上工艺基础学这一科目，如青铜器的成型铸造工艺、古陶瓷的烧造工艺等。

下面，我把自己掌握的一些"痕迹学"小经验介绍给大家，供大家参考。因我的文物鉴定理论水平不高，虽然学过新闻、法律、文学，恰恰没有学过历史系、人类学系中的文物考古专业，所以只能用通俗的语言来进行讲解。

我收藏的主攻方向，一是青铜器，二是金铜佛像，三是高古陶瓷，四是明清瓷器。其他收藏门类，如字画、玉器（这是两个重灾区）、家具、竹雕、木雕、玛瑙、翡翠、琥珀、刺绣、玺印、鼻烟壶、玻璃器、紫砂、唐卡、漆器、文房清供，还有水晶、奇石、玳瑁、马蹄金等，我不会鉴定，但这又恰好是蔡国声先生的特长（我称他为"大百科全书"，知识面很广，这也是几十年从事文物商店工作练就出来的功力）。

首先必须强调的是，要想搞好鉴定工作，理论是基础。这个问题比较简单，买几本有关青铜器、金铜佛像、陶瓷器的书看一下，熟悉一下基本情况就可以了。有的内容可以一带而过，但有的内容必须记住，如夏商周各个时期的青铜器的造型和纹饰，金铜佛像汉传和藏传两大系列各个时期造型的基本特征，明清瓷器历朝历代的基本样式和品种。掌握了这些基本情况，就可以了解"痕迹学"了。

本书作者在鉴宝会上鉴定青花瓷

用痕迹学鉴定青铜器

见到一件青铜器，首先要看它的造型和纹饰。因为青铜器的造型和纹饰，具有明显的时代特征，所以观察青铜器的造型和纹饰，就能判定它是哪个时代的产品。是真是假，还要看看它的制作工艺。因为在春秋之前，三代(夏商周)青铜器都是用陶范法制作的。这一点不多说了，在许多书上都能看到。关键点是看青铜器上有没有"范线"。

所谓"范线"，是指两个陶范对接处必然存在空隙，在浇铸铜水时，液态的铜水会从空隙中渗透出来，铜水凝固后会形成一条线，这就是有辨伪价值的"范线"。如果一件铜器上看不见"范线"，这件铜器的真假就值得怀疑了。即便有"范线"，也要仔细看"范线"是真是假。假"范线"是用模子做出来的，是用来证明这件铜器是用陶范法制作而成的，属于伪造的痕迹。假"范线"一般较粗，走向也较呆板。一般不打磨。

真的"范线"形成比较自然，有粗细变化；有的"范线"被打磨过，有的"范线"没打磨过，厚薄粗细都有。

同时，还要看看有没有垫片。所谓"垫片"是浇铸青铜器之前要调整陶模合范的内、外范的相对位置(这样浇铸后的青铜器才会有合适的壁厚)，要在内、外范之间垫上一些铜片。浇铸后，这些铜片就会留在铜器壁上。由于垫片摆放时要避开有纹饰铭文的部位，一般都位于铜器下部。春秋中期后的青铜器，已采用失蜡法铸造，不需要看范线和垫片了，其他方面的鉴别要点基本相同。

看完铸造工艺的特点后，再看皮壳。

真的皮壳一般有四层：最外的一层是黏土；第二层是绿锈；第三层是"枣皮红"（也有的地区出土品没有此种锈）；

第四层是地子。

伪做的皮壳一般是三层：第一层是黏土；第二层是绿锈；第三层是地子。有的只有二层，没有黏土，只有绿锈和地子。真绿锈呈色青绿，深入胎骨，晶莹可爱，十分坚硬。假绿锈呈色灰绿，浮在面上，粉状，容易脱落。

看完绿锈后，可用火烧后闻闻味道，若有异味，特别是有一种刺鼻的化学气味，那么这件青铜器就有问题了。

完成以上两步之后，再称青铜器的重量，真品不轻不重，因为古人铸青铜器时，铜材严格按照铜与锡的比例熔炼的，如战国时期铜器，铜75%，锡25%，铜、锡比例为3∶1。现在仿制的青铜器，不是轻就是重，重的是因铜材中含铅较多。因为这种仿制青铜器，目的就是为了赚钱，成本越低越好，故铜材中含铅较多，根本不讲究铜材的配比，这就给鉴定伪青铜器找到了证据。还有的伪青铜器十分轻，那一般是用收购来的废铜或熔化古铜钱铸造的。这类青铜器在铜材方面有缺陷，仔细观察就会发现，这类青铜器的表面常有一圈一圈的痕迹。

当然，古青铜器也不是每件都尽善尽美，如三代青铜器，本来就是奴隶制礼仪制度的产物，讲究尊卑贵贱是青铜器的特色，有的是商、周天子铸器，有的是诸侯王铸器，有的只是一般士大夫铸器；所以规格、型制、纹饰等方面会有许多不同。

商晚期 青铜兽面纹盂

高34.5 cm

台北"故宫博物院"藏

古青铜器有胎薄、胎厚之分。

古青铜器的锈蚀程度不同。有的古青铜器在地下受侵蚀较轻，有的受锈蚀严重，因锈蚀程度不同，也表现为古青铜器的重量有轻重不同。在黄河流域出土的青铜器与在长江流域出土的青铜器也有区别：北方干燥，古青铜器受腐蚀不严重，自然分量重一些；南方潮湿，腐蚀严重，古代青铜器有的已"脱胎"，分量自然会轻一些。这些都要视具体情况而定，还要通过具体实践才能掌握。

鉴定青铜器，首先要看纹饰对不对。如果一件号称商代的大青铜鼎，上面全是战国时期蟠螭纹，那就根本不必再看了。

在很多鉴定现场，许多收藏爱好者拿着藏品请我们鉴定，我们扫一眼就告诉他，东西不对，他们都会感到纳闷，不少人还误认为专家不认真看，其实是专家扫一眼就看出是仿品，所以才说东西不对。许多人都会问："你怎么看一眼，就知道我的东西不对，你能不能再仔细看看。"我们往往会回答："有时间慢慢与你聊！"

用痕迹学鉴定金铜佛像

金铜佛像是目前市场上人们追捧的艺术品之一。明代永乐年间制作的一尊金铜佛像在香港佳士得拍出了一亿多人民币的天价。

西周早期

青铜蟠龙兽面纹盉

高27.2cm

口径14.3cm

台北"故宫博物院"藏

盉(音"禾")是温酒、调酒器，也用于盥洗。最早出现于商代早期，盛行于商代晚期至西周。盉的式样很多，基本形制是深腹，敛口，前有管状流，后有鋬手，有盖，三足或四足。

我国各地的艺术品市场到处可以看到金铜佛像。金铜佛像既可收藏欣赏，又可以供奉，受藏家欢迎是很有道理的。

现在，市面上所仿金铜佛像的水平都是二三流的，稍懂行的人用眼一瞟，就可以看得出来。但那些高仿的金铜佛像则蒙蔽了许多人，甚至包括许多专家在内。高仿金铜佛像，从造型、工艺、质地、鎏金、神态等方面看，都仿得非常逼真，但仍可以看出其真面目，破绽出在皮壳上。

皮壳，俗称"包浆"，就是物品在与空气的长期接触中，受空气的氧化作用，以及正常使用时所产生的慢性侵蚀，物品的表面上会自然形成浅浅的包裹层。这包裹层是不能人为速成的，也属于"痕迹学"范畴。打个比方，一套牛皮沙发，长期正常使用会变旧，牛皮表面会产生自然裂纹，接触人体较多处的部位，牛皮面的光泽与别处不同，这种天然形成的痕迹有一种陈旧的润泽美感。还是一套牛皮沙发，如果在短时间内用人工做旧，虽然也可形成貌似的陈旧痕迹，但牛皮上的开裂纹、磨损痕迹与天长日久自然形成的痕迹绝对不一样。同理，现代仿古金铜佛像，都是短时间的快速做旧，所以包浆，也绝对不会自然。

金铜佛像的包浆，与一般青铜器的包浆不同。原因是金铜佛像的存放环境与青铜器不同。金铜佛像一般放在佛龛内或佛堂上常年供奉，供奉时要烧香，金铜佛像上就会落灰，落了灰就要擦拭，常年落灰，常年擦拭，在此过程中佛像凸出的部位就会脱金，特别是头冠、鼻、脸颊、胸、胳膊、腿关节、莲花座的莲瓣等部分，脱金现象尤为严重。脱金的部位应该露出铜材的本色，也就是露铜。露铜的部

位因常年暴露，受空气侵蚀形成一层包浆。自然的包浆乍看是黑色的，近看是黑褐色，再仔细看看是褐色（香熏黑的除外），而做旧的包浆大都呈黑色，没有层次感，有不自然的感觉。

高仿金铜鎏金佛像，鎏金也用真金，仿制工艺也比较认真，知道将佛像凸出部位上的金色用人工打磨掉，然后再整体做旧。一般仿古金铜鎏金佛像，做伪者好像不知道这一要点，还往往反其道而行之，越是佛像凸出部位越上金，佛像凹进部位反而没有鎏金，这违背了"包浆"形成的客观规律。

高仿金铜鎏金佛像的做法是：把金水涂在佛像凸出部位的表面，而不将整佛鎏金，然后再做旧，这样既省金又省事，涂起来也方便。还有些更低劣的鎏金铜佛像，表面鎏的根本不是金，是铜或化学合成的金色。

看过金铜鎏金佛像的正面，还要仔细看底部。如果是封底，要看封底的方法是不是古代的"剁边"或"卷边"法。所谓"剁边"，就是将佛像的底沿剁出几道口子，让剁出的铜材毛刺将底盖封住。真正的剁边，所剁的角度、方位、力度都很科学，假的剁边很不规整，也不对称。

还要看看封盖上的皮壳，真品封盖上的包浆，色泽自然。假包浆不是色重就是太新，人为做旧的痕迹很重。

真品封盖上的纹饰线条很流畅，赝品的纹饰粗糙、呆拙，有支离破碎之感。如见佛像底部上的封盖已丢失，可以看见内部的情况，真品佛像的铜壁应较厚重，呈褐色的较多，较大的佛像内部还有支钉。

以上说的是传世的金铜佛像，还有一些出土的金铜佛像，大都是宋代之前所

明代 文殊菩萨骑狮像

银川出土

作，以汉传金铜佛像居多。这类金铜佛像，我会在另一篇文章《汉传金铜佛像的鉴定与收藏》中作详细的介绍，这里就不赘言了。

用痕迹学鉴定高古瓷器

现在有许多古陶瓷收藏爱好者，我也是其中一个。

目前收藏的古陶瓷，共有两大类：一类是高古瓷，也就是宋代以前的瓷器和宋代五大名窑：哥窑、官窑、汝窑、定窑、钧窑；此外还有邢窑、越窑、耀州窑、龙泉窑、磁州窑、建窑、当阳峪窑等，以及辽金各窑瓷器。另一类是明清瓷器，青花、五彩、粉彩、斗彩、珐琅彩等彩绘瓷，还有青釉、白釉、黄釉等单色釉瓷器。

2005年，元青花"鬼谷子下山图罐"在伦敦拍出了约合2.67亿人民币的天价之后，国内收藏界又冒出一批专门收藏元青花瓷的新军，不过这支队伍目前已经溃不成军了。他们的藏品目前大多数没有得到收藏界和鉴定界的承认，因为这是在特殊历史背景下组成的一支"异军"。他们中的有些人目前还在为自己的藏品奔走呐喊，可得到的却是冷眼和嘲笑……

元代精品青花瓷，我二十多年来在市场上没遇见一件，所见的只有云南窑口的元末明初所制的粗青花瓷。有许多人比我幸运，甚至能碰到几百件，运气真是好得不能再好了。有权威认为，全世界公认的元青花也就三四百件，但也有人提出民间藏有大量元青花的论点。二者孰是孰非，我没有依据，也没有发言权。但我认为，民间应该有元青花，但不可能太多。

明代　金铜佛像的包底

清代　金铜佛像剃底

遇到一件高古瓷器，首先要确认是传世瓷器，还是出土瓷器；还要分早年出土和近年出土两类。因为鉴别方法有所不同。

传世高古瓷器的数量非常少。历时近千年的高古瓷器，其痕迹有特点，用放大镜察看，应看到有些土浸是"吃进胎骨"中的，有些脱釉处的土已深入胎骨，外表的土浸能洗净，深入胎骨的泥土很难清理。

做旧瓷器，泥土附在表面，是抹上去的，在土中放些化学胶之类的东西，比较坚硬，很难洗净。有的还有人为涂抹的痕迹。

我曾做过这方面的实验：将一只出土的宋瓷放在水里浸泡，要不了多久，上面

现代仿制的十六国时期金铜佛像

的土便自动脱落了。瓷器在土里埋了许多年，土里其他黏性物质较少，所以容易脱落。一只新仿宋瓷碗放在水里浸泡，几天后看看没有反映，有的黏土用小刀都难以挖动。我刚开始收藏时不懂这个道理，买了一只唐三彩马俑，上面全是泥，放到水里泡也泡不掉，只好用刀挖刮，结果把器物也挖碎了，而土也没下来，这才知道是假的。

看完外表的黏土后，还要仔细看器物内部有没有"土浸"，如果没有，这件藏品就可能是假冒的了。因为陶瓷罐、瓶、尊之类一般是敞口的，长时间埋藏在地下，内、外都被土包裹。外面有"土浸"而里面没有"土浸"，这不合情理。看里面尤其要仔细。少数藏品洗得比较干净，但总会留下些许痕迹。而许多仿品只在外表做旧，器物内部往往会被忽视。

如果是刚出土的瓷器，可以放在水中泡一下，然后拿出来闻一下。真品会有一股土质的腐败味，赝品则没有。

一般墓葬中很少出土汝窑、官窑瓷

元青花　鬼谷子下山图罐

高27.5cm　径宽33cm

此罐体上以青料绘鬼谷子下山图，乘坐双轮车的道长即是鬼谷子，车后有两位步行兵卒，道长身后跟着一位少年将军，右手摇一旌旗，上绣"鬼谷"二字。身后又有一位骑马文官，身着宋代朝服、朝冠，左手执笏，回首顾盼。罐颈绘有一道波浪纹，罐肩绘缠枝牡丹纹，罐底绘莲瓣纹。

器，哥窑瓷瓷在墓葬中出土的，仅有过几例，均为元明墓葬。自20世纪50年代以来，也没从什么墓里挖出宋代钧窑瓷，纪年墓葬出土的钧瓷，年代最早的是元代的。非纪年墓中出土的钧瓷，有一部分是金代钧瓷器。欧阳希君前几年写了一篇论文《论钧窑年代与性质》，认为钧窑是金元至明中前期才出现的，此观点有一定的道理。

早年出土的名窑瓷均为珍贵之器，大都收藏在国家博物馆（院）里，民间收藏十分少。其他名气不太大的窑口瓷器，偶

尔会出现一些。所以，专门收藏五大名窑瓷器本身就是一个不科学的提法，是一个误区。

五大名窑瓷器也很难鉴定，只有从造型、胎质、釉色、纹饰（刻、划、印等工艺）等方面来鉴定，而且大多数五大名窑瓷器没有款识，制作工序比明清瓷少，所以每当一件高古瓷出现时，都会引起许多争议，众说纷纭，莫衷一是。

宋代瓷器有其独特的风格，造型古朴大方，釉色莹润，非常珍贵。但宋瓷却是收藏界的重灾区。据说现在国内有许多专

宋钧窑　粉青红斑碗

　　高8.9 cm
　　深7.6 cm
　　口径15 cm
　　足径4.6 cm
　　台北"故宫博物院"藏
　　本碗为宋代饮末茶之用，敛圆口，弧形壁，小圈足。器壁外表有大小不一的铜红斑，十分好看。宋钧釉有多种，此粉青红斑采用釉下涂铜化粧土工艺，兴起于宋末元初。

收宋瓷的藏家，藏品一般有几百件，甚至上千件。我去看过，真品少得可怜，仅有几件大路货，所谓的珍稀品种其实不过是现代新仿制的赝品。这些收藏家也不想一想：你认为自己的藏品是稀世珍品，为何别的藏家也有不少，这难道还不足以引起怀疑吗？

　　道理很简单，我国专业考古部门几乎天天都在发掘墓葬、遗址，但这么多年来并没挖出几件五大名窑瓷器。据说，早年曾报道过辽墓中出土过汝窑盏托，本人因未见彩图及实物，也不敢妄下定论。另外，洛阳窖藏瓷器中有一件支烧侈口青瓷碗，天青釉，釉色清淡，为汝窑瓷碗，与之同出的还有普通白瓷（定窑、当阳峪窑）、青瓷（耀州窑、临汝窑）、影青瓷（景德镇窑或其他南方窑口）等物，数量不是很多。

　　1991年在四川遂宁市金鱼村发现的宋瓷窖藏，出土瓷器985件，绝大多数为宋代名窑精品，计有龙泉窑梅子青釉、粉青釉器338件，耀州窑刻花青瓷器19件，景德镇湖田窑青白瓷器595件，定窑白釉印花、划花瓷器14件。这在当时引

宋代汝窑　胆式青瓷瓶

高29.2 cm　口径4.7 cm
北京首都博物馆藏
此瓶施青釉，通体有开片。

藏对象，全国收藏明清瓷者有上千万，队伍庞大。青花的典雅、粉彩的柔美、五彩的艳丽、斗彩的曼妙、珐琅彩的瑰丽，都深深地吸引着人们的视线。我十分喜欢收藏陶瓷，特别是彩瓷。一看到彩瓷，特别是柔美的粉彩，就爱不释手。古人对色彩的搭配非常科学，烧制出来的彩绘瓷器特别雅致。我常想，古人的审美水平为什么那么高？大概他们是从美丽的大自然中吸收了许多养分，然后用于实践了，烧制出来的彩瓷给人以无穷的遐想。

鉴定一件瓷器，在看过造型、画意、胎釉、款识之后，最重要的一点是看它有没有磨擦过的痕迹。

明清瓷器主要有三大类：一种是陈设器，如赏瓶、贯耳瓶、出戟尊等，是摆着欣赏的；一种是实用器，像盘、碗、碟等，是必备的生活用品；一种是供器，如供瓶（大吉瓶）、烛台、香炉、甘露瓶等，用于供奉神佛。此外，还有一些是既能观赏又能实用之器，如花盆、花瓶、文房清供等。但无论是哪类瓷器，只要有一定的年份，都会留下岁月的痕迹。

一件陈设瓷器摆放在房间里，时间稍长，上面就会落下灰尘，落下灰尘就要擦拭。天长日久，釉面上自然会出现擦拭的痕迹。真品上面的擦拭痕迹是自然的，纹路不规范，这是因为擦拭的东西不一样，擦拭的人不同，擦拭的角度也不一样，所以留下的痕迹也不一样。真品上的痕迹就是古玩行所说的"老伤旧痕"。人工作伪的痕迹不太自然，仔细看看，痕迹往往是一个方向，用一种物体用力摩擦出来的。作伪的痕迹大部分集中在某个部位，明眼人一看就清楚。

看过釉面的痕迹后，再看"蛤蜊

起了巨大的轰动，直至现在任何窖藏都无法比拟，但属于五大名窑的定窑瓷仅十多件，其他各窑瓷器没有发现，可见五大名窑瓷器当时数量的就少。你说你藏有数百件甚至上千件五大名窑瓷，有谁会相信啊！

用痕迹学鉴定明清瓷器

明清瓷器是广大收藏爱好者的主要收

光"。所谓"蛤蜊光"就是绘制彩瓷
的原料经过空气的长期氧化后会呈现
出五光十色的光泽。现在虽然"蛤蜊
光"也能做出来，但有经验的专家可
以看出人工的"蛤蜊光"色彩漂浮，
过分亮丽，没有真的"蛤蜊光"深沉
自然之感。

有些瓷器釉彩结合部也会出现
"蛤蜊光"，而且深入釉中，这种自
然形成的现象目前还没有人能伪造出
来。遇到出现这类"蛤蜊光"的瓷器，
自然是真品。

这里还要说一下瓷胎问题。明清
瓷器鉴定常要看底足、底胎。过去
常说的"糯米胎"，只是一种形象的
比喻而已。我看过许多仿明清瓷器的
胎，都像糯米胎。明清瓷器的底部有的
上釉，有的不上釉，不上釉的就会露
胎。造假者往往将不上釉的底胎做成
黑色，也就是用做旧来蒙骗收藏者。
无数例子证明，瓷器放在什么地方，
露胎处就会呈现相应的颜色。将一件
底部露胎的瓷器包好，放进密闭的保
险箱中，多少年后还是崭新的；如果
放在一个不干净的地方，你就会看见
露胎的底部变色了。一些明清瓷器常
年搁放在潮湿不干净的地方，底部露
胎处会被空气、灰尘污染，呈黑色。
但这种黑色，仔细看应是灰黑色，是
自然形成的，没有一点人为添加的痕
迹。做旧的颜色会比自然痕迹略黑一
些，我们叫"死色"，仔细看会发现
有无涂抹的痕迹，很难洗掉。

用"痕迹学"鉴定文物，是由一
些实践型专家首先提出来的，准确程
度很高，非常实用，鉴定家都要补上

明万历　五彩镂空云凤纹瓶

高49.5cm　口径15cm　足径17.2cm
故宫博物院藏

通体五彩纹饰，腹部镂空雕绘几个姿态不同
的凤凰，象征吉祥与安福，并以如意头、蕉叶、团
寿、云头、钱纹、花鸟、八宝等作为陪衬。彩釉有
青花及红、黄、绿、紫、褐、孔雀蓝诸色，纹饰丰
满和谐。

明宣德 五彩碗

高7.8 cm
口径18.5 cm
西藏萨迦寺藏
1985年发现。碗内壁有一周青花藏文吉祥语，外壁口沿至上腹部有一周青花云龙纹。外壁画莲池鸳鸯图。圈足外壁用青花绘海水纹。碗底青花双圈楷书两竖行"大明宣德年制"款。鸳鸯羽毛、勾喙、眼睛、双翅的画法，证明宣德官窑已熟练使用"填彩、点彩"工艺，这正是著名的成化斗彩的正规画法。

这堂课，多接触实物，认真钻研总结出各种器物痕迹存在的必然规律和经验，要不然成不了真正的鉴定家。

"痕迹学"是一个大课题，我不敢妄言，只是将自己多年来遇到的情况向各位藏友介绍一下，对与不对，我也不敢妄下断言。实际上，收藏大军中不乏人才、精英，有的对"痕迹学"研究很深，还掌握了不少鉴定文物的绝招，只是用文字很难准确表达，属感性认知。正因如此，已掌握鉴定文物绝招的藏家没有什么学术头衔，即使是真理，也没有人相信。人们都希望收藏界能召开一次关于"痕迹学"的研讨会，把他们的经验介绍出来，经过筛选后出一本书，这对收藏界是大有益处的。

古陶瓷鉴定不仅方法要对，还必须在认识上有所提高。很多古玩商、实战家对陶瓷真伪鉴定很有把握，但对年代的判定、器物名称、用途、窑口、珍稀度及艺术、历史研究价值的研究不够。

现在，很多报刊、书籍上刊载的鉴定名词都是不着边际的，什么造型生动、纹饰精美、釉色润莹、线条流畅、胎釉极佳、发色靓丽等，以此来判断是否符合真品特点，让人摸不着头脑。这些词汇用于

鉴赏描述尚可，但决不能用它来鉴定古瓷真伪！

经典的收藏类工具书

收藏古玩文物，要有一定的文化素养，就必须读书、读好书。收藏文物古玩需要鉴赏，也必须查找一些工具书。因此要先大体了解历史名著以及当代古玩类图书目。

1. 《说文解字》，东汉许慎撰。为查找、研究古代文字的重要工具书。

2. 《历代名画记》，唐代杰出书画理论家、书画家张彦远撰。

3. 《书法要录》，唐代张彦远撰。

4. 《集古录》，宋代历史学家、文学家欧阳修撰，载金石拓本1000多种。

5. 《考古图》，宋代金石学家吕大临撰，收入铜器、玉器224件。

6. 《金石录》，宋代金石学家赵明诚、李清照撰，收入金石数千件。

7. 《画史》、《书史》、《砚史》，宋代书画家米芾撰。

8. 《考古图》，宋代杰出画家、收藏家李公麟撰。

9. 《先秦古器记》，宋代经学家、收藏家刘敞撰。

10. 《宣和博古图》，宋徽宗命大臣编撰，收入古铜器839件。

11. 《宣和画谱》，宋徽宗命大臣编撰，收入名画6000多幅。

12. 《宝刻丛编》，南宋收藏家陈思撰。

13. 《格古要论》，明初曹昭撰。

14. 《西清古鉴》，清代梁诗正编，40卷，录清宫新藏古铜器1529件。

15. 《积古斋钟鼎彝器款识》，清代阮元撰，著录商代青铜器173件、周器273件、秦器5件、汉晋器99件。

16. 《金石萃编》，清代王昶撰，录历代石刻1500多种。

17. 《金石索》，清代冯云鹏撰，分金索、石索两类。上起商周，下迄宋元。

18. 《陶说》，清代朱琰撰，为研究古代瓷器的重要著作。

19. 《古泉汇》，清代李佐贤撰，集录周代至明代各种钱币5003枚，并加考证，为重要钱谱。

20. 《攈古录金文》，清代吴式芬撰，录商周青铜器铭文1334器。

21. 《封泥考略》，清代吴式芬等撰，辑录秦汉封泥849枚。

22. 《愙斋集古录》，清末吴大澂著，收商周器1048件。

23. 《古玉图考》，清末吴大澂著。

24. 《景德镇陶录》，清代蓝浦撰，郑廷桂补辑。介绍景德镇陶瓷生产的专著。

25. 《骨董琐记全编》，民国邓之诚著。

26. 《古玩指南》，民国赵汝珍著。

27. 《中国书画鉴赏辞典》，中国青年出版社编印。

28. 《中国古陶瓷图典》，冯先铭主编。

元代景德镇窑　五彩狮子戏球纹玉壶春瓶

高24.8cm

日本东京国立博物馆藏

　　这一件元代五彩瓷于早年流失于日本。元代景德镇不仅创造了著名的青花瓷，也烧制了釉上五彩瓷，因数量极少，没有引起人们的重视。

　　此件玉壶春上没有年款，但器形、纹饰都具有元瓷的特征：瓶口部撇度大，颈较细，腹部下垂，腹径较小，为元代玉壶春瓶的式样；纹饰的题材和布局方式与元青花瓷相似。瓶体上有七道纹饰，腹部的狮戏球纹是主纹，还有蕉叶、古钱、云头、卷枝、上仰莲瓣等。近底处上仰莲瓣一周，仰莲瓣间有间隔。这些都是元瓷的鉴定特征。

明万历　素三彩云龙纹六方瓶

高64.3cm

日本东京国立博物馆藏

　　此瓶体截面为正六边形，是形制工整的琢器，制坯工艺比一般圆体瓷瓶复杂，技术难度更大。

　　瓶体六个面上的纹样基本相同(仅上彩的颜色不同)，从上到下的纹样分别是：瓶颈处绘一组勾子莲纹，肩部绘一海马纹，瓶腹处绘一条云龙纹，胫部绘一组海水江崖纹。从主纹云龙纹、海水江崖纹的特点来看，当是宫廷专用纹样，故知此瓶出自官窑。素三彩是一种瓷彩釉装饰工艺，一般仅用于祭祀瓷和明器，由此可知此瓶的珍贵。日本博物馆作为"重要美术品"收藏。

对现代收藏类图书的质疑

某省城新开一座规模很大的图书城，图书品种几乎囊括了全国公开出版的所有书报期刊，书城每日宾客盈门，满足了该省建设文化大省的需求。

据图书城服务生向我介绍，收藏类图书卖得不错，说明盛世已临，收藏之风已吹进不少人的心坎。以收藏来丰富自己的业余文化生活，满足精神需求，已为不少男女老少首选的方式。

良莠不齐的收藏类图书

我仔细翻翻书柜上陈设的收藏类图书，觉得封面设计都很精美，但最大的缺陷是内容几乎一样，大书抄小书，小书抄大书，尽管封面不同，出版社名称不同，但图书内容却毫无新意。有的图书编校质量差，错别字连篇；有的图书印刷质量差，图片模糊不清，青花瓷变成了紫花瓷，釉里红变成釉里黑……还有带"价格"字样的收藏类图书，诸如"文物价格汇考"、"古玩最新定价"、"中国文物市场价格"等，出版了一大批。书中刊载的文物价格不知有何根据，某版本书中一只元青花大罐价格为80万元；另一版本的书中同样一只元青花大罐却标出400万元的天价！价格悬殊之大，颇令人不解。

有一种书更可怕，书中所刊载的藏品，绝大部分都是受人忽悠后购买的后仿品，却请一位"鉴定大家"写序，将此书吹得天花地坠！

我认识一位收藏大家，自诩收藏了数百件"稀世珍品"瓷器，其中不乏元青花、洪武釉里红瓷，并将这些"稀世珍品"瓷器一一拍照，撰写品评文字，付梓出版。这位收藏大家送我一本。我看到此书序言作者的署名，就猜想此书所刊载的藏品大约都靠不住。因为为此书写序的人以"鉴定大师"、"领军人物"自居，其实不过是一位抱着赝品说是真品的"走眼专家"，在行内口碑不好。我看了数页，所见几乎全是仿品，一直翻到最后也没有看到几件值得收藏的瓷器。看来，这位收藏大家被"鉴定大师""忽悠"得不轻，真令人感到痛心！

我以为还有一种收藏类图书值得人们警惕：造假者为了推销他的产品推出的收藏类图书。书中的图片，不消说全是造假者精心制作的仿品图片；书中的评价文字，不消说也是造假者精心编撰的，是为今后脱手赝品埋下的伏笔。书的前几页还请一些名人写序、题字，无非借名人的声望来欺骗收藏者。

在非正规书店和地摊上，还常见到一

些假书：书封面上署一家国内根本没有的出版社社名，或是盗用某出版社的社名；还有的署中国港台地区某出版社的社名，甚至署上一家外国某出版社的社名。一本书连出版社的署名都是假的，此书的内容就可想而知了。

做任何事情都要讲规则，不按规则行事，自然会乱成一团。有关文物的价格，这里只是说说而已，价格贵了，你可以不买；价格便宜，你可以买。因此文物价格的高低，并非是什么原则性问题。但一些内容不负责任的图书纷纷出版，这才是原则性问题。所造成的最大危害，在于歪曲了文物鉴定的理论，把人们的鉴定观念搞模糊了、搞偏颇了，甚至本末倒置了，这就成大问题了。这些"理论家"所阐述的理论，正如我敬佩的专家马广彦先生所指出的那样："这种'理论'不是来自亲身的实践，而是因袭相抄，以讹传讹！"

我下面举几个我遇到的实例，说明尽信书，不如无书！

对南朝金铜佛像断代的质疑

有一本介绍金铜佛像的书明确写道："可以确定的南朝时期制作的金铜佛像基本没有。"这种论断是否过于武断？我以为当时占有半壁江山，历时169年的宋、齐、梁、陈四朝，在金铜佛像制作方面绝对不会是空白！

另一本介绍金铜佛像的书又明确写道："史载，南朝梁武帝萧衍笃信佛教，曾遣使赴印度模制佛像，当时京城建康（今南京）各大寺院制作了大量的金铜佛像。"又曰："南朝陈武帝曾有重修金陵七百余寺的巨大工程及铸造佛像一百二十万尊的壮举……"

这就产生问题了：一本书说没有，另一本却说有，读者怎么能不糊涂？要知道，搞收藏的大都是业余爱好者，他们没有专家那样优越的学习研究条件，更不可能走南闯北去"实践"，大多数都是通过看书、看电视获得相关知识。因此我认为写书者下笔时一定要慎之又慎，要知道一本书有几个人看，就会影响几个人。若有一百万人看，就可能影响到上百万人。下笔一定要慎重，应仔细考证，等有了翔实的证据、可靠的结论后再下笔不迟。

没有正确的理论，必然会导致严重的后果。有两尊佛像是地地道道在江南出土的，有人说它是北魏的，有人说它是东魏的，也有人说它是南朝的。可书上明明写着"可以确定的南朝时期制作的金铜佛像基本没有"，这是怎么回事？到底是什么时候的？有的书作者只好模糊写成"南北朝时期制作"，这样一来，谁也不好提意见了。

我认为，在断定一件文物产地时如有争议，应当把范围扩大一些。现代商品大多数能在全国流通，古时商品想必也能异地流通，这两尊佛像有可能是南朝人制作的，也可能是从北朝请来的，又有可能是南朝仿北朝样式制作的，怎能一概而论呢！

对彩绘陶马断代的质疑

书上刊载两只著名的彩绘陶马的照片。

我翻阅过许多资料，相似的彩绘陶马

十六国时期　背屏式金铜佛像

　　背屏式金铜佛像是仿照石窟寺造像而来，主尊仍是圆雕禅定佛，背屏就是背光，除边缘有华美的火焰纹外，在背光前还有多尊浮雕弟子、菩萨像。

的年代，大都定为北魏、东魏、北齐或北周时期，很少有人定为南朝（宋、齐、梁、陈）。给人的印象是南朝不生产彩绘陶马。但其出土地点，明明就是南京附近，是当地农民从地里挖出来的。

　　这件文物，我认为应该是南朝的。因

为它只是一种陶质明器，没有必要像造佛像一样，千里迢迢到北朝去请回几尊，难道不怕在路上打碎了？事实摆在我们眼前，有必要将这些长期有失偏颇的结论否决了。如此考证，说明这类器物南北朝都有，只不过出土的南朝器物较少而已。当然，鉴定文物时，人们也不能认为器物在哪里出土，就定为哪里，这样做也会犯错误。因为事物都是辩证的，遇到这种情况一定要综观全局、综合分析，最终做出客观的、科学的、令人信服的结论。

对洪武青花的质疑

现在搞古玩的人，一听说元青花，眼睛就会发亮。因为大家都知道，元青花是我国青花瓷中最难得的品种，一辈子只要能收藏到一件元青花，就可以成为一个大收藏家了。不过，现在广为人知的元青花瓷，被世人发现的历史并不长。在20世纪50年代以前，元青花不仅不为中国人所知，连众多的中国陶瓷史专家和学者也不知道什么是元青花。元青花瓷的发现，得益于两位外国学者严谨的科学态度。

明洪武　官窑青花八出开光牡丹纹花口折沿盘

口径46.5cm　底径28.3cm　高8.6cm

1994年出土于景德镇珠山东门头

花口，折沿，弧壁作花菱形，圈足，火石红底。内口沿饰缠枝灵芝，外口沿饰海浪，内外壁均绘折枝莲。盘心八出垂云，作"开光"式，内绘折枝牡丹；外围相对绘八垂云，垂云内绘折枝菊。

20世纪初，北京智化寺有一对作为供器的青花云龙纹象耳瓶，被华侨吴赉熙带到英国伦敦，几经辗转，被英国大维德基金会收藏。

1929年，英国人霍布逊对英国大维德基金会所藏瓷器进行研究，发现了这对带有至正十一年(1351)铭文的青花云龙纹象耳瓶，写了一篇论文，编进《大维德藏瓷谱》中，但当时没有人关注。《大维德藏瓷谱》只印了36份，到1936年还没有卖完。有关元青花瓷最早的论文就在人们的漠视中又过了二十多年。

20世纪50年代初，美国人波普博士以英国大维德基金会所藏一对青花云龙纹象耳瓶为标准器，对照伊朗阿特别尔寺及土耳其伊斯坦布尔博物馆所藏青花瓷进行了对比研究，找出了74件与至正十一年青花云龙纹象耳瓶类型相同的青花瓷。以后根据这批元青花瓷的特征，在世界各地又找到一些类型相同的青花瓷，统称为"至正型"青花。至此，元青花才引起陶瓷学者们的关注。

至正型青花瓷的基本特征是：器型硕大，造型端庄雄浑，青花呈色浓艳，晕散，并有铁锈斑，底釉多为青白釉或者卵白釉，纹饰题材丰富、布局繁密多层次。这个准则现已成为鉴定元青花的一个公认的准则。

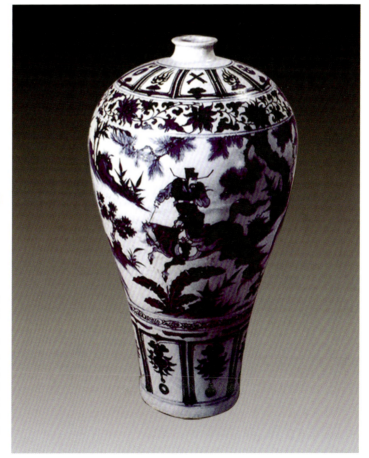

元末明初 青花萧何月下追韩信图梅瓶

高44.1cm
口径5.5cm
底径13cm
南京博物院藏
1950年江苏江宁明洪武二十五年(1392)沐英墓出土。
梅瓶肩部绘青花云肩纹、杂宝纹及缠枝西番莲纹各一周，腹部绘青花"萧何月下追韩信"故事画，并以松、竹、梅、芭蕉、山石等背景，胫部绘青花卷草纹、变体莲瓣纹、垂珠纹各一周。

元代景德镇窑 至正十一年款青花云龙纹象耳瓶

高63.6cm

英国大维德中国艺术基金会藏

　　1952年以前，人们并不知道元青花瓷的存在。1929年英国人霍布逊在大维德中国艺术基金会的藏品中发现这对青花瓷瓶上有"至正十一年"铭文，将其载入《大维德藏瓷谱》。但没有引起人们的注意。1952年美国弗瑞尔美术馆馆长约翰·波普以这对青花瓷器为标准器，对收藏在土耳其、伊朗的中国青花瓷器进行类比分析，从当时定为明初青花瓷中确定了数十件元青花瓷，并提出了著名的"至正型青花瓷器"理论。此后，在欧美、日本、中国香港、东南亚也发现了不少同类青花瓷器，从此引发一阵寻找研究中国元青花瓷的热潮。

国人普遍知道的元青花，是一件画有鬼谷下山图的青花瓷罐。2005年7月12日，元代青花瓷罐"鬼谷下山"在英国伦敦以1568.8万英镑（合2.67亿人民币，根据伦敦当天的汇率折算）的价格成交，创亚洲艺术品拍卖的最高纪录，同时也是中国瓷器拍卖价最高纪录。从此，元青花瓷成为中国家喻户晓的名瓷。

元青花瓷的标准器，是英国大维德基金会所藏有至正十一年(1351)铭文的青花云龙纹象耳瓶。至正十一年，为公元1351年，已是元朝晚期，各地反元起义军揭竿而起。1352～1360年，徐寿辉、陈友谅建立天元政权，控制了景德镇地区，景德镇瓷器生产已和元政权无关了。1360年朱元璋灭陈友谅，至1368年明王朝正式建立之前，景德镇瓷器生产在朱元璋控制之下进行了八年，也就是说，有很大一部分至正型青花瓷的生产，其实与元代浮梁瓷局关系不大，而与徐寿辉、陈友谅、朱元璋有更为密切的关系。但断代时，因划分历史时期是以王朝兴废的年代为界线，故把至正十二年(1352年)至大明王朝建立之前生产的青花瓷，定为元青花。

但令人奇怪的是：在大明王朝正式建立之前，景德镇烧制了不少青花瓷（被称作元青花），为何明王朝正式建立以后的洪武朝，却没有大件青花瓷？直到永乐初期，造型优美、工艺高超的青花瓷才又突然冒了出来，似乎永乐青花瓷是在没有洪武青花瓷传承下出现的，令人不可思议！

我以为：朱元璋在位三十一年的洪武朝，应该有青花瓷精品存在，不然永乐青花的出现就显得太突兀了！我想：应当存在的洪武青花瓷精品，是不是被认作是元青花瓷，或永乐青花瓷了？这个谜团，至今无人解破。

对哥窑研究的质疑

我曾写一篇文章《谈谈官窑和哥窑》，对现代学者有关哥窑研究提出质疑。

最近看了江苏卫视的《家有宝物》电视片，电视片中记录一位来自浙江龙泉的先生，说他找到了哥窑的窑址，我听了一怔！马未都当时也作为专家坐在台上，听到后和我的表情一样，也感到吃惊，不过当时反应不激烈。因为在录节目，只是轻声问了一句："好像还没有作为一个学术成果公布吧？"那位来自浙江龙泉的先生笑着说："还没有，我们正在进一步研究。"

我心里纳闷了，还没有证实，就在卫视上公布了？这是什么意思！把美好的东西纳入家乡的版图，为家乡争光，心情可以理解，但也不能操之过急，言过其实。在目前的情况下，应该说，我

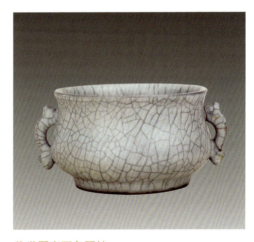

传世哥窑双鱼耳炉

高11.3cm 口径2.5cm 足径4.3cm
清官旧藏

传世哥窑菊瓣盘

高4.1cm
口径16cm
足径5.6cm
清宫旧藏

传世哥窑瓷，指清宫旧藏中有标签署名为哥窑瓷者。这种名瓷与民间所说的哥窑瓷不同，数量极少。本图所示一件传世哥窑瓷盘，通体作十四瓣菊花形状，盘壁向内出棱，底为圈足。通体施釉，但足底一周无釉，露黑色胎。盘身布满纹片。造型秀丽、优美。

们正在积极寻找哥窑的窑址，并有希望找到。

我最近看到一本新出版的书，竟然把龙泉窑兄弟两个烧窑洒水、点擦草木灰的逸闻故事，当作哥窑烧制瓷器的定论发表出来，这样立论，难道不荒唐、不可笑吗？

围绕官窑和哥窑有许多民间传说、逸闻，学术界对此也有不少争议。有人认为龙泉窑就是哥窑，有人说哥窑是江西赣州窑，有人说宋代根本没有哥窑，也有人说哥窑就是官窑。直到目前为止，没有人能拿出能证实传世哥窑产地的翔实证据，因此不能轻下结论。

对哥窑瓷的质疑

哥窑瓷，名列"宋代五大名瓷"之中。但哥窑的窑址至今尚未找到，哥窑是否存在，遂成千古之谜。但北京故宫博物院、台北"故宫博物院"、上海博物馆及海外有些博物馆确实藏有一批传世哥窑瓷，文博界沿用当年宫廷收藏时所用名称，定名为"传世哥窑瓷"，与严格意义的哥窑瓷，未必是同一种瓷器。

宋代五大名瓷中的宋官窑，经过考古学家多年努力，目前只找到了南宋时期官窑的两处窑址：一为老虎洞，一为郊坛下（又名"修内司窑"）。至少，南宋官窑的窑址，有了翔实可靠的证据。"修内司官窑"遗址中出土不少元代瓷片及窑具，其上还发现有八思巴文字，因而是元代产品和制瓷工具。

元人孔齐《至正直记》载："乙未冬在杭州时，市哥哥洞窑器一香鼎，质细虽新，其色莹润如旧造，识者犹疑之。会荆溪王德翁云：'近日哥哥窑绝类古官窑，不可不细辨也。'"一部分人据此认为，哥窑是建立在原修内司官窑遗址之上的元代窑址。逻辑学中有个名词叫"类推"，在此可以借用一下。

有人说，官窑瓷和哥窑瓷应当有"紫口铁足"的特征。笔者曾对数件哥窑瓷和修内司官窑作品进行反复对比，几乎是大同小异，有异曲同工之妙。纵观海内外各大博物馆被认定的传世哥窑瓷和官窑瓷藏品来看，也完全不是这样的。

有的瓷品器上只有"铁足"，没有"紫口"，有的既无"紫口"亦无"铁足"，有的没有像人们所说的一定有"金丝铁线"，即使有的有"金丝"，却没有铁线。"金丝"有的粗，有的细；"金丝"也有多少不同，可谓千变万化，琳琅满目。胎质也有多种，黑色的、灰色的、土黄的，釉色也有粉青、灰青、月白、米黄、蜜蜡、青灰、浅紫等色调。大部分胎体薄，釉质厚，但也有例外。

这种种情况，符合哲学上"共性中有个性，个性中有共性"的普遍规律，这也是我们鉴定文物时不可或缺的思路。千万不能用一件共性特征强的作品作为标准器，来否定一切个性特征强的作品；当然，也不能拿着一件个性特征强的作品，

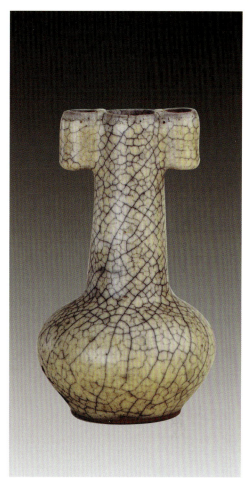

传世哥窑贯耳长颈瓶

高11.3cm 口径2.5cm 足径4.3cm
清宫旧藏

瓶直口，长颈，扁圆腹，底承以圈足，口沿两侧相对贴二圆形贯耳，与瓶口平齐，耳中空。口耳相连，加重了口部的力度，与腹部形成上下对称，构成视觉上的均衡，给人以端庄、稳重之感。通体满釉，开细碎纹片，静穆，优美。

去否定共性特征强的作品。

中华民族历史悠久，有的王朝历时数百年，在数百年间，制作工艺不可能一成不变。现代人会创新，古人当然也会。有一件贯耳瓶，造型古拙敦厚，施灰青釉，釉面莹润，有玉质感。开片自然洒脱，用放大镜观看，冰裂纹严重，有一触就掉之感。脱

釉处土咬痕迹自然，说明年代已久。有人说它南宋官窑，有人说它是哥窑，争得面红耳赤。还有人干脆说它是假的，其理由是它上面没有书上所说的"紫口铁足"。到底是怎么回事，至今也没定论。

尽信书，有风险

我当记者时，曾经写过一篇文章《得佛记》，介绍了一尊明代铜鎏金佛像，刊登在报纸上，事后有人打电话到报社说那尊佛像是假的，跟他见过书上描绘的不一样。其实，这尊佛像特征"开门"，现在已成为北京某大拍卖公司的"春拍"拍品。可见一些人是多么信书，书的影响是多么大啊。

如今，收藏市场是真货、假货一齐登场，好书、孬书不断出版，弄得许多人头晕目眩。我曾到几位企业领导和学者家里去看过他们的藏品，赝品摆了一屋子，你还不能说他们没有认真研究，因为这些人工作很忙，没有时间深入实践，唯有靠几本书中的知识来指导。

我有一位藏友，认识我之前，花60万元买了一件元青花，我看后断为假的。我问他为什么不请专家看看，他说当时他对书了，和书上一模一样，因此就买了下来，结果吃亏上当了！前不久，一位教授在我家做客，看到我书柜上放的一本书，翻阅后大喜过望，说他家的那只宣德青花梅瓶跟书上的一模一样，总算找到样品了。翻完书，茶也顾不得喝了，直往家里奔……其实，他那只所谓的宣德青花梅瓶两年前我就看过，是赝品。

明正德　青花莲花纹出戟尊

高24 cm　口径14.5 cm　足径10 cm
故宫博物院藏
此件瓷尊的造型仿自古铜器，是一件陈设用瓷。撇口，粗颈，鼓腹，收胫，圈足微外撇。通体饰青花纹饰，里口双边线内绘青花蕉叶纹一周、颈、腹各绘缠枝莲花两朵，足上绘如意云头纹及波浪朵花纹各一周。颈、腹、足的两侧均有出戟，共三对。

明星专家

前一段时间，我和蔡国声、王春成、刘光启、云希正等近十名专家参加了天津市首届"鉴宝"大会。会场气氛热烈，人山人海。

天津市有关领导对此次活动非常重视，开幕式上各部门领导来了许多，说明天津市各级领导十分重视文化建设，关心百姓收藏。一个城市只重视经济效益，不重视文化建设，不知道老百姓想什么、要什么，这个城市就是富得冒油，也不能说明这个城市就搞好了。人不是普通动物，不能只知道吃好、穿好、住好而不重视精神生活。人如果只追求物质生活，没有精神生活，那就只能算是会说话的动物。精神需求与物质需求同样重要。

天津市是一个文物收藏大市，收藏爱好者众多。和全国的情况大致一样，不少收藏者都是前几年收藏热开始兴起时，冲动之下买下的藏品。现在冷静了，理性了，对自己藏品的真伪不放心，需要真正优秀的专

本书作者在鉴宝会上指导藏友

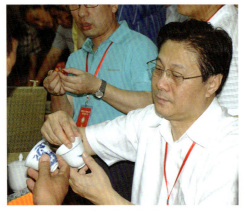

本书作者在鉴宝会上鉴定瓷器

家前来为他们判定。但他们不知道谁是真正的专家，也不认识真正的专家，苦于找不到鉴定的门路，对自己的藏品感到茫然。这次由国家有关单位组织的鉴定活动对他们来说可以说是及时雨。这样的活动也是政府重视民生建设的一种实际行动，受到了广大收藏爱好者的热烈欢迎。

此次到天津市进行鉴定，我感觉比以往每次都累。原因是大部分藏家都喜欢朝我和蔡国声、王春成这里跑。这是因为我们经常上电视节目，电视媒体把我们的形象扩大了，突出了，成为"明星"，真让我汗颜，感到羞愧，更加感受到自己肩上担子之重！

其实，天津市鉴定专家的水平也非常高，有的也是国家级的，只不过他们不经常在电视节目中出现，认识他们的藏友较少罢了。由此可见，媒体的力量是巨大的。不过，我认为不要完全相信经常在电视上露面的所谓"明星专家"。

事物都具有相对性，经常上电视的专家，眼力不一定比不上电视的专家强。这好比演艺界，有些没有拍过电视剧的演员，演技未必比经常拍电视的演员差，能上电视只是机遇，并不代表能力。另外，

还有其他一些原因影响一些专家在电视节目中出现。如有的专家眼力很好，因没有一张好看的脸，电视台用一次就因其相貌差而不再请他了。有的专家平时讲课时，口若悬河，滔滔不绝，可一面对摄像机，就浑身紧张，自然再也上不了电视节目。有的专家眼力是一流的，但肚里有货倒不出来，能看不能说，也不可能上电视节目。还有一些专家，因为单位领导不同意，也不能上电视节目。

全国有不少鉴宝活动，每次都请有名的专家。知名度不高的专家，即便有很高的鉴定能力，主办方一般也不请。主办方这样做，也是有难处。因为老百姓只认知名专家，如果你请来的专家，知名度不高，恐怕到时候没有人前来参加鉴定活动，活动也可能因此流产。这就是鉴定活动中的矛盾现象，明知不妥，但还要这样做。

不过，我劝藏友们不必迷信明星专家。演艺界的歌星，嘴一张，你就能听出他唱得好坏；而鉴定界，因文物鉴定具有复杂性，不是一天两天就可以知道这些"明星"的鉴定水平。南郭先生身份，是因齐王要听笙独奏时才暴露的。

本人大概也算是"鉴定明星"，经常和别的明星专家在一起。有些鉴定明星，鉴定水平名副其实。但有些鉴定明星，虽然器宇轩昂、成竹在胸、口似悬河，但鉴定文物的眼力实在不敢恭维。这是因为有些电视台过分重视收视率，不太重视专家的眼力，只重视专家的相貌、口才和身份，所以一些鉴定眼力不高的专家，也时常上镜，成为鉴定明星。还有一些专家，眼力不错，因请他的人多了，名气大了，看东西也不认真了。所以说，藏友们与这

本书作者参观民间收藏家的藏品

些"鉴定明星"打交道，也要擦亮眼睛，不要仅听其言，更重要的是要看其行，看他们的眼力，对于他们鉴定过的东西，不要完全相信，可以多找几个人看看，才会知道他们是李逵还是李鬼！

这次天津鉴宝活动结束后，应天津"瓷房子"主人张连志先生邀请，吃了一桌他安排的"天津菜"，然后参观他的"瓷房子"。

我之前在电视上看过"瓷房子"的视频报道，这次身临其境，感受颇深。我站在"瓷房子"面前想了许久：张连志先生怎么就想起来建个瓷房子？他的创意是怎样形成的？后来才知道，张连志先生酷爱

祖国的传统文化，把瓷器装饰在房子上，既宣传了祖国的历史文化，又保护了文物。房子上装饰所用的大量瓷片，不少来自施工队准备扔掉的废物，而他却把废物变宝，完成了一项具有文化创意的工程！

现在，"瓷房子"已成为天津市的一处重要标志性建筑，每天前来参观的人络绎不绝，"瓷房子"内还有不少张连志先生的藏品，供人参观，我认真看了一下，都是真品，这家伙眼力不错嘛！

民间确实有高手！我决定让张连志先生加入我们的鉴定团队，让他的才华在我国收藏界发挥更大的作用。

四川博物院的新风尚

中国每个省、自治区、直辖市都有博物馆，其中规模大的叫博物院。从前，我国有三大博物院：故宫博物院、台北"故宫博物院"、南京博物院。后来，有几家博物馆升级为博物院。新建的四川博物院，建筑漂亮，藏品十分丰富珍贵。博物馆（院）的社会使命，是收藏、保管并陈列、展览以及弘扬祖国历史文化遗产的地方。看过那些祖辈们传下来的精美绝伦的珍贵文物，会油然生发爱国之情！

令人遗憾的是，近些年来许多博物馆做得不尽如人意，造成去博物馆的人不如去动物园的人多，许多精美绝伦的古代艺术品不是搁在玻璃窗里无人看，就是放在地库里面睡大觉，其作用根本没有得到充

分的发挥。但四川博物院的做法却让我耳目一新。

四川博物院开始对外展出后，参观的人不多，老百姓不知道四川博物院具体在什么位置。于是，四川博物院便举办一次"鉴宝"活动，邀请几位国内颇有人气的专家，到四川博物院为老百姓鉴定藏品，这样既宣传了四川博物院，又满足了广大老百姓鉴定藏品真伪的需求，可谓一举两得，真正代表了人民群众的利益，把党的要求落实在行动上，受到了四川省老百姓的热烈欢迎。

鉴宝那天，人气十足，人山人海，若不是疏导工作做得好，恐怕会发生意外。虽然藏友们手中的藏品，大多数被鉴定

出席成都鉴宝会的鉴宝专家

西周晚期　青铜人形足兽形盉匜

高24.5cm　口径34.2cm

台北"故宫博物院"藏

匜（音"仪"）是盥洗器，与盘配套使用，古时行"沃盥之礼"，用匜浇水，用盘接水。器身为长椭圆形，前部翘起的流，后有龙形鋬，下有四兽足；少量有盖，盖上有可提的环或鸟首。匜于西周中期出现，流行于西周晚期和春秋时期，战国时渐少。这件西周匜以四人形为足，甚少见。

为是假的，但他们心里还是蛮高兴，说："政府终于开始关心我们这些收藏爱好者了"。

更令藏友们感动的是，四川博物院想群众之想，急群众之急，后来又搞了个"文化大篷车"，陆续把珍贵的文物送到工厂、农村、军营、校园等各地展览，为老百姓服务，这在我国的文博史上也是绝无仅有的。

一个博物院不仅要有优秀藏品，还要有一批有眼力的鉴定专家。四川博物院觉得院里缺少这方面人才，所以才邀请国内一些实战型鉴定家来四川，帮助培养自己的鉴定人员。其实，许多博物馆

（院）研究员都有优秀的鉴定能力，但博物馆（院）领导不许他们外出为老百姓鉴定。其实这样做，并不利于研究员的提高。研究员不是鉴定家，鉴定家并非是研究员。许多研究员与文物辨伪没有关系，大学和博物馆里也没有辨伪这一课程，一些会鉴定的研究员，大都是自学成才。认为研究员都可以搞鉴定是一种误传。研究员要想成为鉴定家，必须到市场去磨炼！要当"野生动物"，到市场上去恢复"野性"。

我说的市场，是广义的市场，不仅仅只是买卖市场，还包括其他的博物馆（院）、私人藏家以及造假基地。一座博

物馆里的藏品，往往比较单一，或属于专项收藏；有的博物馆（院）的藏品多些，有的博物馆的藏品少些。如故宫博物院，宫廷藏品多一些，民间藏品少一些。南京博物院藏明清官窑瓷多一些，藏青铜器就少一些。陕西博物馆、河南博物院藏青铜器多一些，其他藏品就少一些。私人收藏品也是五花八门，应有尽有。造假基地是什么能卖钱，就伪造什么。市场永远是老师，研究员不到市场去磨炼，整天待在家里看看书，写写文章，瞧瞧馆藏品，鉴定眼力怎么可能提高？鉴定眼力是在市场中磨炼出来的。

几个月不到市场里转悠，就看不到新仿品出现，你掌握的鉴定方法，又落伍了。有一种角雕老佩饰，恐怕大多数专家都不认识那是什么材料做的：说犀角不像犀角，说牛角不像牛角，说羊角不像羊角……其实，是用马蹄雕成佩饰后再做旧的。

博物馆（院）是宣传祖国优秀历史文化遗产的地方，老百姓参观后对文物发生了兴趣，买一些作为珍藏，因眼力有限而看不懂真假，求助博物馆（院）。博物馆（院）理应帮助他们，为他们服务。正如医生为老百姓看病一样，是一种神圣的职责。对民间藏品的鉴定，应该成为我国各博物馆的一项重要的工作。但不少博物馆却不愿意让本博物馆专家为民间收藏鉴定。优秀的鉴定家不让出去，一些伪专家自然会四处横行肆虐。看看现在市场上出现了那么多的假鉴定证书，就知道这种危害的严重性。如果本博物馆专家的鉴定水平不行，可以培养，像四川博物院那样内外结合，邀请院外的一些优秀的专家和院

内专家一道工作，就能把这件事搞好。

常言道："火车跑得快，全靠车头带。"四川博物院院长是一个了不起的人，我与他有过几次长谈，院长才思敏捷，才华横溢，富有开拓性和创新的思维，对博物院建设有很多新思路，给我留下很深的印象。该院许多员工们都说，院长是个干实事的人，每天都看他在忙忙碌碌，脑子里想的全是博物院的事。有这样的院长，博物院怎么能办不好！此外，他们还说，院长平易近人，对待员工从来没有高高在上、盛气凌人的感觉，大家都十分爱戴他。此次我和蔡国声、毛晓沪、刘岩应邀到博物院去为老百姓鉴定，鉴定结束后，博物院招待我们吃晚饭，凡是参加鉴定活动的工作人员都来了。吃饭时，院长打破了中国传统的主桌、次桌之分，把干部和职工统统分散安排到每张桌上，这样不仅吃得轻松愉快，员工们还可以向我们请教一些问题。席间，我回头找了一下院长，发现他却在房间拐角处……

这里还有一段插曲：我在四川博物院铜器馆参观时，看到许多小学生前来参观，其中一位小同学认出了我，递上笔记要我签名。他这么一来，一百多个小朋友都挤了上来，要我签名，麻烦大了！我只好为几位手伸得最长的小朋友签了名。那位首先认出我的小朋友突然冒出一句："老师，我最喜欢郎世宁的珐琅彩和夏商周的青铜器。"我吃了一惊：小小的年纪竟然知道郎世宁和夏商周青铜器，这些都是很美的东西，不简单！激动之余，我在他的笔记本上重重地写了几个大字：未来鉴定家！

西周　青铜师遽方彝

高 16.4 cm

口径 7.6×9.8 cm

底径 7.5×9.6 cm

上海博物馆藏

彝为容酒器，盖如屋顶，两侧置有上卷的象鼻形双耳，较为少见。盖及器体上饰变形兽面纹，口沿下及圈足饰兽体变形纹饰。器和盖内都铸有相同的67字铭文，记载了周王在王宫中举行酒宴，师遽向周王奉献礼品，周王命令宰利赐给师遽玉圭等物，师遽备感荣幸，因铸此器记载此事。

西周早期　青铜召卣

高 39.5 cm

口径 13.7×17.2 cm

台北"故宫博物院"藏

卣（音"有"），盛高级香酒的青铜酒具，宋人定名，至今沿用。多为圆口或椭圆形口，深腹，圈足，有盖和提梁。商代卣为长颈、圆形或长方体。商代晚期改为短颈和扁圆形体。又有青铜鸟兽形卣，指以鸟兽形为器又有提梁者（无提梁者，名"尊"），是商代晚期特有的器形。西周扁圆卣有七式，西周圆体卣有二式。西周中期以后少见，可能是因为卣的功能已被壶所取代了。

清代　碧玉鳌鱼花插

高16.7cm　宽4.3cm　厚3.6cm

以两条跃出水面的鲤鱼为碧玉花插，一大鲤鱼身纵身向上，有一只小夔龙伏在鲤鱼背鳍之上，另一鲤鱼身稍小，亦斜向跃起之姿；两条鱼尾皆卷翘上扬，下端则琢饰波涛并与水纹木座相呼应，显现鲤鱼自水中奋力跃出的瞬间情景。由于此件碧玉花插寓意"鱼跃龙门"，鲤鱼的双目努出、长须、突鼻，头双角，表示鲤鱼的头部已变为龙形。

第三篇
交易陷阱

乱象横生的民间艺术品市场

2010年5月，齐白石的一幅作品在拍卖会上拍出近1亿元人民币天价，人们震惊了！2011年11月，清乾隆粉彩镂空瓷瓶在伦敦拍出约合5.5亿元人民币的天价，举世震惊！

2011年在保利春季拍卖会上，元代画家王蒙的作品《稚川移居图》，以4.025亿元成交，这个价位仅次于一年前保利拍出的黄庭坚《砥柱铭》，坐上目前中国古代书画拍买第二高价的"交椅"。

2011年5月，在中国嘉德2011年度春拍会上，齐白石的作品《松柏高立图·篆书四言联》，拍出4.255亿元的成交价，刷新了中国近现代画纪录。

是不是我国的艺术品市场又开始"发疯"了？话虽然不敢说得那么绝对，但也不无道理。

齐白石巨制《松柏高立图·篆书四言联》

改革开放以后，我国艺术品市场确实发过几次"疯"。每次"发疯"，都有与社会背景有着密切的关系，此次"发疯"也有特定的社会原因：第一，房地产不能"倒"了；第二，股票走下坡路了；第三，黄金一直处在高位。因此，许多有钱人把目光投向了号称"第三大投资"的艺术品收藏。

说实在的，艺术品投资，如果投得好，其效益绝不亚于投资房地产、股票和黄金。房地产这几年价格涨了几倍；股票看不见，摸不着，天天和数字打交道，忽上忽下，枯燥无味；黄金增值太慢。而艺术品这些年已经涨了几十倍，甚至上百倍，偶尔还有捡漏的机会。所以，越来越多的人进入了这个领域。

不过，资深的艺术品投资人心里很清楚，艺术品不是每个人都可以玩的。她表面美丽，其实充满了风险。进入这个领域的人，必须有深厚的历史知识，文化知识，辨伪能力，市场经验，应变能力。因为这个市场太复杂了，假货太多了，"故事"太精彩了。稍不留神，你就会上当受骗。我刚开始走入这个领域时，觉得与人打交道是非太多，与艺术品打交道只有真假，没有是非。进了这个领域才发现，凡做这一行的人都是人精，真真假假，是是非非的故事天天在发生。所以说，要想在我国的艺术品市场上取得成功，你必须是"人精"。

再者，艺术品市场混乱与媒体的推波助澜不无关系。我国电视台都播出过一些收藏类节目，由于只注重藏品的经济价值，忽视了藏品的文化内涵和收藏意义的宣传以及辨伪知识的传授，把重点放在价格上，导致许多老百姓认为收藏是一条可

清初　手绘本《推背图说》
古籍善本也是传统收藏大项

以轻易发财、快速致富的捷径。所以，有人跑遍山村僻壤，搜罗古代艺术品。全然不知道造假、贩假的产业链已经悄悄形成。老百姓被电视台收藏类节目忽悠了，买了许多赝品。当醒悟过来后，为时已晚。

一项统计表明，我国现有各类收藏协会、收藏品市场近万家，有数千万收藏爱好者。收藏品市场交易额庞大，仅北京文物收藏品市场交易额1年就达11亿元人民币，地下交易更是无法统计，而且发展势头强劲。有人说：北京两个地方人最多，一处是天安门广场抬头看升旗，另一处是潘家园低头找古玩！这话很有道理。

民间收藏品市场的火爆，首先是经济力量的推动，加上文物升值潜力巨大，好

的藏品基本上是一年升值30％至50％，刺激了手中有闲钱的人们，把眼力投向这个领域。推动市场火爆的另一原因是，一些投机分子故意炒作，先大量收购某个时期的古玩，使其价格一路上蹿，炒起来后，再慢慢"放水"。

"专家"的话不可全信

文物真假掺杂，古已有之，普通收藏爱好者大多眼力有限，他们决定是否收藏某件物品时往往要看鉴定专家的声誉。因此，对于民间收藏者来说，鉴定专家的眼力和职业操守非常重要。

重庆一场免费鉴宝活动，一位女士带来三件玉器，被现场专家鉴定为"三星堆"玉器，称其中两件玉器价值无法估量。消息传出后，在社会上及文博界引起很大轰动。而三星堆博物馆却对鉴定结果提出质疑，认为三件玉器拼凑痕迹明显，现场专家的鉴定缺乏有力依据，如果不是

失察，就是缺乏对三星堆文物的基本认识。博物馆负责人同时提醒："目前我国文物收藏品市场鱼龙混杂、存在以伪充真的现象和陷阱，并提醒收藏爱好者在进行文物收藏品投资时要小心谨慎、理性投资。"

还有两件事发生在武汉。"2007民间寻宝记——走进武汉"大型活动现场，武汉一位市民拿着两只精美的瓷瓶，一脸无奈："以前我找过几位鉴定专家，他们都说我这两件藏品是真古董，可北京的专家却说它们是赝品，我究竟该听谁的呢？"

另一位藏友恰好相反，他收藏一件青花龙纹高足杯，此前有专家一口咬定是仿品，在活动现场却被鉴定专家当场判定为珍贵的元代青花瓷器。

由此可见，目前我国收藏品市场空前繁荣，却也是空前混乱。收藏品市场上充斥着三流仿品，却没有一个权威的民间收藏品鉴定机构，这使得很多收藏爱好者蒙受了很大的经济损失。

鉴宝专家出席武汉鉴宝会

本书作者在鉴宝会上宣读藏品鉴定证书

对于鉴定人员来说，眼力好固然重要，但职业操守更加重要。现在，艺术品收藏的领域职业操守差的问题日益突出，使艺术品市场愈加混乱。有的鉴定人员故意把真文物说成是假的，然后再托另外一个人花极少的钱把这件真文物买下；有的鉴定人员把假文物说成是真的，只是为了收取鉴定费用。据说，目前我国各类收藏品鉴定机构有数百家，其中不少机构的鉴定人员都是见了藏品一律说是真的，还开具毫无用处的鉴定证书，每开具一份证书就收取上千元的费用。

这里，再就一个关于收藏的电视节目举个例子：

持宝人上场。

主持人问持宝人：请问，您这件藏品买时花了多少钱？

持宝人：两万。

主持人面向专家：请专家估价。

专家：十万。

又换了一个持宝人。

主持人：请问，您这件藏品买时花了多少钱？

持宝人：十万。

主持人面向专家：请专家估价。

专家：三十万。

又换了一个持宝人。

主持人：请问这位藏友，你这件藏品花多少钱买的？

持宝人：三十万。

主持人：请专家估价。

专家：一百万……

这样一来，会使大家感觉到，搞收藏到处有"漏"可以捡，这钱来得也太容易了，而且上台的都是什么国宝中的国宝、国粹中的国粹，价值连城，十分罕见，把老百姓"忽悠"得晕头转向——这大概就是"专家"的功劳了！

随着收藏热的兴起，缺乏文物知识和辨伪能力的普通老百姓，希望能快速致富，糊里糊涂地闯入了这个充满风险的领域。有的鉴定人员以专家身份出现，而且违背良心，编导叫怎么说就怎么说，完全成了一些电视节目掌控的机器人，坑害了许多收藏爱好者。

不过，最关键的还是鉴定人员的鉴定水平。有人说我国艺术品市场混乱，不应该归罪于老百姓，应该归罪于鉴定人员。这话不无道理。多数老百姓没有辨伪能力，买到藏品后请鉴定人员掌眼，可悲的是鉴定人员的眼力与老百姓的想象相差甚远。

什么道理？说出来，也许你会明白。我们的鉴定人员，大多数是文博系统的工作人员。改革开放前，文物是"高压线"，老百姓不能收藏。所以我们文博系统的研究人员也没有必要学习辨伪，学了也派不上用场。再说，那时也没有什么赝品，有的也是"老仿"——古人仿古人，现在也是文物。改革开放后，收藏大军滚滚而来，那些过去呆在博物馆里的研究员变成了鉴定家，开始为老百姓鉴定藏品了。因为没有学过辨伪，自然眼力不行。仅凭一些理论知识，加上看过一些真品，或者搞些考古，认为自己就可以鉴定文物了，当然会出现失误。专家失误不要紧，老百姓可就倒霉了，辛辛苦苦赚来的银子打了水漂。

有时，一些有研究员职称的鉴定人员，眼力差得离谱，我看还不如潘家园古玩店的小老板。原因很简单，许多人都知道，研究员不是鉴定家，鉴定家必须是从市场中磨炼出来的。再说，评定研究员的项目中并没有鉴定能力这一块，十多年来，这些所谓的专家也不知道为老百姓鉴定了多少件藏品，把多少件赝品当成真品，把多少件真品当成赝品。总之，我们不管走到哪里，哪怕是犄角旮旯的小县城，都会看到这些"专家"的鉴定证书，有的甚至为低级仿品开具了真品证书。

我国有不少私人博物馆收藏的大多是赝品，原因是他们找错了专家。被"三大"——单位大、年龄大、名气大迷惑了。因此，有人认为我国艺术品市场目前混乱的局面，都是这些所谓的专家造成的。老百姓缺乏辨伪能力，情有可原；专

本书作者为《华豫之门》主持人陈琨领奖

家如果眼力太低，这个市场肯定不会真正繁荣起来。

说实在的，这些伪专家虽然只是少数，但许多人有在大文博单位工作的背景，有很大的迷惑性，潜在危害很大。我常说，专家找对了，你会一对再对；专家找错了，你会一错再错。我们找专家，千万不要迷信"三大"，要找那些在市场上磨炼出来的实战型专家，哪怕他们并没有什么闪亮的头衔，因为我们不需要他们的名气以及滔滔不绝的理论，我们需要的是他们的实实在在的眼力！

找专家，忌"三大"

目前，我国艺术品收藏市场可以说是风云际会，十分复杂。鉴定人员、鉴定机构的混乱是众所周知。文物鉴定专家与其他专家不一样，比较"软性"，看几本书，到市场去晃悠几次，就可以"忽悠"人了，收藏市场到处都可见到这类所谓的"鉴定专家"。

究竟什么才是真正的鉴定专家？国家没有明文规定，也没设此职务和职称，纯粹是老百姓叫出来的。一般情况下，文物鉴定任务都由文博系统的研究员来完成，但许多研究员根本没有学过文物鉴定，没有辨伪能力。而近些年来，艺术品市场不断升温，收藏爱好者越来越多，社会上对文物鉴定人员需求量越来越大，勉为其难，他们就匆匆上阵了，除了研究员外，甚至文博机关的保卫科长、人事科长、消防队长等都纷纷出山，开始给老百姓鉴定文物了，民间的、官方的、国内的、国外的"鉴定家"汇成了一支浩浩荡荡的大军，各干其事，各自宣传吹捧自己，把老

百姓的头搞晕了，有了藏品也不知道到底找谁去鉴定了。

当然，任何事情都是相对的，文物鉴定人员中有水平高的，也有水平低的。初入藏界的人，不了解这方面的情况，有了藏品往往会去找"三大"，迷信"三大"。鉴定专家中有所谓的"三大"，就是"单位大"、"年龄大"、"名气大"，他们看文物真假的眼力较差，往往会误导初入门的收藏者。

我国收藏市场之所以混乱，与"三大"们有很大的关系。过去，这些人在考古发现、著书立说、上课授艺、研究馆藏、文物定级等方面做出了很大贡献，对文物的时代背景、风格特征、标准型制可以说是了如指掌。可是，随着他们年龄的增长，思想变得僵化起来。由于不能常到市场去"明察暗访"，明知艺术品市场光怪陆离、造假成风，但又不能亲自去了解、掌握第一手资料，不能充分了解现代文物作伪的最新方法，仅凭过去头脑中的"标型学"概念去做鉴定，自然会出错。有些错误甚至属于低级的。

光怪陆离收藏界
形形色色收藏人

我为什么对古代艺术品感兴趣，而不去收藏现代艺术品？因为古代艺术家做事认真，所创作的艺术品不但构思精妙，独具匠心，制作精美，而且深含寓意，给人以"型"和"意"之美。当然，这里还涉及经济问题。古代艺术品虽价格昂贵，但升值得快。因为古代器物买一件少一件，不能再生。十九年前，一只清

金代　青白玉透雕鹘
攫天鹅纹佩

长 7.5cm　厚 2cm
故宫博物院藏
玉佩正面为圆弧
形，镂刻一海冬青飞至
荷塘上空追逐天鹅的
画面。玉佩背面有圆环
和穿孔，便于固定在腰
带成衣物之上。玉为青
白色，局部有黄褐色沁
斑。

末的民窑粉彩花瓶才卖千把块，现在要卖一万多元了。

目前市场上的古董还有一个特点，就是真真假假，假假真真。眼力好的，一百块钱可以买到一百万的东西；眼力不好的，一百万会买到一百块钱的东西，就这么神奇，就这么刺激。

现在的古代艺术品收藏市场，据不完全统计，收藏品的品种约有500多种。古玩收藏最重要的是真假问题。许多人在这个方面上了当。我也如此，而且不止一次上当，这是正常的。要想当一个好的收藏家、鉴赏家，一定要有文化，更重要的是实践，多看东西，真东西要看，假东西也要看，一般的东西要看，高仿的东西也要看，时间长了，真假东西就在人的脑海中留下了"烙印"，一遇到假东西你就会觉得不对劲。

现在科技发达，作假水平登峰造极，品种也是五花八门，什么赚钱就仿什么。近几年来，我随着几个权威专家鉴定团体走进了全国近50座城市，为近20万老百姓鉴定了近60万件藏品，超过50万件是赝品，有的还是低档仿品。如此类推，我国约有七千万收藏爱好者，90%的收藏者都买过和收藏赝品，因此可以得出有数亿件赝品在老百姓手中；加上正在生产的、库存积压的、市场上暂时还没有卖出去的等等，恐怕会有上百亿件赝品。现实情况真令人感到触目惊心，这么多的老百姓被文物骗子和奸商"忽悠"了。

不过，假货毕竟是假货。即使有的假货同真货几乎一模一样，真假难辨，但"感觉"做不出来，"气息"做不出来，

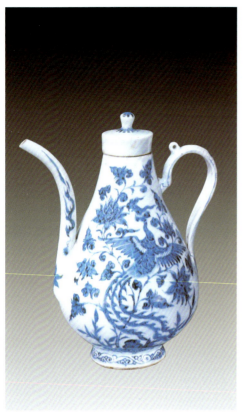

元代景德镇窑　青花凤凰牡丹纹执壶

高23.5cm　口径4.7cm　足径7.3cm　腹径13cm
故宫博物院藏

壶身施青白釉，绘青花纹饰。腹部绘凤戏牡丹，辅以竹石。壶身一面画凤凰向上飞翔之势，一面画凤凰向下俯冲之态。流部绘一朵花，两侧为火珠飞焰，柄部绘银锭、宝钗、火云，盖直口，平面折角，圆珠为钮。钮上下各绘菊瓣纹，纹饰布局合理，笔触流畅。

"古气"做不出来。鉴定古玩有时凭"感觉"，这种感觉只能意会，不能言传，是长期实践得来的，非一日之功。专业人员不能整天待在博物馆（院）里著书立说，总看馆藏品不行。中国几千年的文明，文物数量可以说是天文数字，博物馆（院）有的，民间没有，但民间有的，博物馆（院）也没有，不能说没见过的，就不对。要深入民间，虚心向民间收藏家、

鉴赏家学习；民间的收藏家也要向专业人员学习，互相取长补短，这样才会减少失误。

我的启蒙老师张浦生先生，在博物院工作，是国家文物鉴定委员会的委员，因经常深入民间，虚心向民间收藏家学习，接触了各色各样的藏品，因此眼力很毒，在全国有很高的知名度。他的学生霍华女士也如此，为写《陶瓷述古》，深入景德镇很长时间，写出来的东西非常实用。鉴赏名家马未都先生原来是记者，长期在民间探寻，又能虚心向博物馆专家讨教，现在眼力很好，被誉为"火眼金睛"。

收藏界还有不少"怪人"。第一种是自我感觉良好，自封天下第一，谁都瞧不起，买了一大堆假货，硬说是真的。第二种人是"走火入魔"，认为他的每件藏品都是国宝，件件上千万，少一分不卖，其实只值几百块，有的甚至是假的。第三种人是理论巨人、实践矮子，鉴定书写了一大堆，文笔流畅，语句华丽，讲起课来口若悬河，一见东西就傻眼了，心里没有底，不知是真是假，还乱表态。第四种人是听不进别人半点意见，你说他东西不好，出门就骂你是"瞎子"；你说他东西好，他会把你捧为上宾，就喜欢听好听话。第五种人也收藏也做生意，认为收藏过程中能赚一块是一块，贪图蝇头小利，本来收藏到一件国宝级文物，自己却不知道珍惜，有家加一点钱就出手了，但卖了又后悔，后悔之后又会继续卖出另一件好东西，见小利就刹不住了。还有更糟糕的人，根本就不是搞收藏，只是打着收藏的幌子做生意。

真正的收藏家，收藏的目的是用自己的藏品，弘扬祖国灿烂的文化，欣赏古人

卓绝的技艺，以陶冶自己的情操，丰富业余文化生活。如果整天将藏品东藏西藏，生怕人家知道，就失去了收藏的意义，这样称不上是一个好的收藏家，只能是一个"仓库保管员"。

真正的收藏家是不会吝惜展示自己的宝贝的，有的甚至喜欢"摆宝"。

我把古董分为三类：第一类叫"开门"，就是时代特征"开门见山"，一看就明；第二类叫"存疑"，也就是有问题但一时又拿不准的古董；第三类叫假货。在三类古董中，存疑类古董最令人头痛。因为现在科技太发达了，高仿的古董太逼真了，鉴定师"走眼"也很正常，行内没有一个鉴定师没"走过眼"的。

以前，我看到假古董总不好意思说"不对"，生怕得罪人。现在不再客气了，真的就是真，假的就是假的，不再说一些让人听不懂的话"可以玩玩"、"还可以"、"算一个藏品吧"……现在想来，不讲真话是害人，是对藏家不负责，万一是假的，你说"还可以"，他就当个"宝贝"珍藏起来，再传给下一代……

清乾隆　白玉仿"汉代宜子孙"璧

历代玉器中汉代玉璧是非常有名的，所以清代仿古玉中有不少仿汉代玉器，其中汉代"宜子孙"佩，因寓意吉祥而成为仿制的重点。

此璧圆形，中心有孔，圆璧一侧出廓，佩表面透雕龙、螭、云纹，并篆书"宜子孙"三字。

真圈、假圈、发财圈

当前收藏界有三个圈：真圈、假圈、发财圈。

真圈，指一批人都是玩真货的。假圈，指一批人都是玩假货的。发财圈，指一批人都是打着收藏旗号做生意、想发财的。

目前，这三个圈的人玩得都很开心。

玩真的人，自然要有较高的眼力和雄厚的财力，这里就不多说了。

玩假货人，是因为他们根本不知道什么是真的，把假的全当成真的了，所以他们玩得也很开心！张三有一百件元青花，李四有两百件五大名窑，王五有三百件官窑器，个个都认为自己的藏品上亿，是亿万富翁。这些人我们称之为是"精神富翁"！有价值上亿的藏品，谁能不高兴？在北京许多场合，一谈到收藏，不少人都会从腰里掏出几块玉器，说这块是战国玉，那块是商玉，一件比一件值钱，还互相赞夸，夸得每人都心花怒放……

其实，明眼人一看就知道全是假

传世哥窑八方杯

高4.5cm 口径8.6cm 足径3cm

杯口为八方形，圈足，腹较深，里外施灰青色釉，釉面布满黑、黄两色大小纹片即"金丝铁线"，口沿釉薄处隐露褐黄胎色，足边无釉，呈铁黑色，即文献中所谓的"紫口铁足"，为一件典型的传世哥窑产品。注意杯口沿有一圈似水渍的痕迹，许多鉴定师认为这是真品的特征。

的。不过，在这种场合你绝对不能说，一说他们就会跟你急，一出门就会把你骂得狗血喷头！所以我们现在也学聪明了，不说了，让他们继续开心玩吧！这些人一辈子就是这个毛病改不了：听不进别人的意见！这些人收藏界不少，凡是收藏赝品的人大多是这类人！

还有一些老百姓，对藏品的真假一概不知，受媒体和故事的影响，就知道这玩意可以卖钱，所以稀里糊涂就买了一大堆赝品，结果一件卖不出去。我们称这些人属于"发财圈"，大多是孤军奋战，对我国收藏市场的复杂情况根本不了解，只有多次碰壁后方能觉醒。

部分"鉴定专家"在推波助澜

我国的文物市场总是这样，管理紧一紧，什么东西都不见了；管理松一松，各种稀奇古怪的东西都出来了，使无数人上当受骗。

造假者固然可恨，为造假者开绿灯的所谓"专家"更可恨！如果没有他们，这些仿品不可能堂而皇之地刊登在拍卖图录上；假货多了，对真货的持有人也是一种打击。据我所知，这些所谓的"五大名窑瓷"均为个别专家鉴定过，并开具了证书。我曾亲眼见过这

宋代　官窑方花盆

口径15×15cm
足径13×13cm
故宫博物院收藏
花盆敞口，镶金铜
口，底有钻孔，下承以
四浅足，器为方形，通
体满釉，并开有大片纹
线，遍布器身。此器造
型规整，釉色青润。

些所谓的"鉴定权威"是如何鉴定五大名窑瓷的：对来鉴定瓷器者，是来者不拒，通通说好，哪怕是"贼光"闪闪的现代工艺品也夸成"国宝"！因此这些"鉴定家"时常宾客盈门，仿佛成了宋代"五大名窑瓷"专业户！

因此，不少拍卖公司把这些专家推为"至宝"——因为要靠他的"鉴定"发财。我曾问过一些专家："你到不到市场去？"回答说："我从来不到市场去，去了有人会扛着我的牌子招摇撞骗。"我又问："你鉴定的这些东西有没有人提出过反对意见？"他说："当面说的没有，背后说的不少。但背后说人，是不良行为！"听了他的话，我怔住了：一位整天从事鉴定，忙于开具鉴定证书的"权威专家"，从来不去市场研究造假的最新方法，他怎么能鉴定出假古玩来？抱着老观念，翻着老图书，看看造型，看看釉，

看看胎都对，这东西就算过关了！殊不知，现在的造假人都不是傻瓜，一模一样的东西很快就可以造出来。浙江人在仿哥窑、官窑、龙泉窑，河北人在仿定窑，河南人在仿汝窑……有些古代名窑所在地现在是窑场林立，烟云袅袅，好不热闹，难道他没看见？！

的确，鉴定五大名窑瓷比明清瓷器难度大，因为明清瓷器的窑口相对集中，工序较多，每一道工序出现问题都能看出破绽。五大名窑瓷，因窑口分散，釉色单一，工序较少，大部分既无纹饰，又无款识，极容易"走眼"，但有实战经验的专家还是能看出破绽。

因为出土瓷器有出土瓷器的痕迹，传世瓷器有传世瓷器的感觉，真赝一对比，就不难看出问题，即使有些特征是微妙的，就看你有没有这方面的灵气。不要认为自己参加过发现过某个窑的窑址的发掘

宋代　定窑弦纹三足樽

高20.2cm　口径15.9cm　足距14.4cm　故宫博物院藏

圆形，深腹，器外凸起弦纹三组共六道，下承三足，通体满釉，釉色白中闪黄。此樽器形优美、端正。樽原为古代温酒、盛酒器。瓷樽始于宋，定窑、汝窑、龙泉窑均有烧制，器形仿汉代铜樽形制，为宫廷陈设之用。

活动，写了几篇论文，知道器型是什么样的，胎质是什么色的，釉是怎么上的，就能鉴定瓷器了。事实上有许多瓷器鉴定知识是书本上学不到的。考古、挖墓、写书与瓷器鉴定完全是两回事。

有的博物馆有上百个研究员，是不是都能鉴定文物？回答肯定是否定的。我并没有把文博研究员一棍子通通打死的想法。但说实在的，我们的博物馆里确实也有不少理论联系实际的实战型鉴定家，我可以说出不少人的姓名。搞收藏，找专家，是正常的，专家找对了，你会"一帆风顺"，找错了，只有自认倒霉。我曾随中央电视台《艺术品投资》拍摄组去过武汉、西安、河南、北京、天津等地，看了大量的民间藏品，赝品数量之多，用"触目惊心"四字来形容毫不过分！

一位"藏家"藏了几百件所谓的宋代"五大名窑"瓷，我看其中竟然没有一件是真的！我说这些藏品都不对，他说："我请×××专家看过了，说是国宝。"我说："这样好不好，你认为你的藏品是真的，应该值几个亿，你可以拿一个到国内或者国外最知名的、信誉最好的拍卖行去参拍，你就不会再住这个连空调都没装的破房子了。已经是年过半百的人了，难道不想在有生之年享受一下生活？几百件只拿一件，不会有损你的收藏吧？"他说他舍不得卖。他回到店里，却又在竭力地推销自己的藏品，想卖个好价钱。搞收藏的人，搞到这个分上，也就没有意思了。

从某种角度上来看，不能怪这位"藏家"，责任应该是那位为他掌眼的所谓的"专家"。当"藏家"为砸在手中的"五大名窑"瓷而痛苦之时，那位专家正在

宋代　钧窑玫瑰紫釉葵花花盆

高15.8cm
口径22.8cm
足径11.5cm
清宫旧藏

花盆为六瓣葵花式，折沿起边，深腹，盆身饰以里外凸起凹进直线纹六条，将花盆分成六瓣葵花形。圈足亦呈花瓣形。盆内施釉天蓝色釉，外施玫瑰紫色釉，口边、足边和线纹处釉薄呈酱色，口沿下流釉明显，釉面布满橘皮纹。花盆底有五个透气孔，刻有标明器物大小的数字"七"，并刻有"建福宫"、"竹石假山用"八字款记，款记为清代造办处玉作匠人所刻。

喝着别人送来的香茶，看着别人送来的彩电，用着别人送来的"红包"，在悠闲地享受着……

我国绝大多数的文物鉴定专家是可信的，目前在收藏界流行的"专家信任危机论"只是少数专家造成的。在北京古玩城，你说你的藏品×××专家看过，想转让，你会被拒之门外。在南京古玩市场，你若说你的东西是×××专家鉴定的，古玩商们会淡然一笑："那好，你就慢慢收藏吧！"可以说，少数所谓的"鉴定专家"造成的后果是非常恶劣的！

拍卖会上的"陷阱"

拍卖会，是现代艺术品交易的一种方式，在"公开、公正、公平"的原则下，艺术品拍卖行将卖方的艺术品通过公开拍板成交的方式，让买方以竞争的方式获得。在艺术品拍卖会上，艺术品将在拍卖行先行展示几天，拍卖时按编号依次叫价，由报价最高者获得。

多数人认为"拍卖会"这种交易方式是由欧美传入的，目前我国拍卖行业在形式、程序等方面借鉴了欧美发达国家的这

种交易方式。其实就拍卖活商品的方式而而言，我国早在魏晋时期就有出现了类似拍卖的竞价交易方式，当时因与捐赠僧侣僧衣相关而得名"唱衣"。唐代文献中已正式见诸"拍卖"类字眼，如唐开元二十五年《通典》中有："诸以财物典质者，经三年不赎，即行拍卖。"

在20世纪80年代后期，我国出现了文物与艺术品拍卖公司，目前我国具有艺术品拍卖资质的公司已达数百家，且尚不包

北宋　定窑兽耳瓦纹簋

高10.9cm　口径13.4cm　足径10cm
台北"故宫博物院"藏品
底墨书"仲和珍玩"款

括网上拍卖。艺术品拍卖市场的出现，确实为我国文化建设做出了应有的贡献。

但不可否认，个别拍卖会已"变味"，公开、公平、诚信原则被少数从业者渐渐抛之脑后，并设下种种陷阱……

当前，我国艺术品销售大约四种渠道：一是私下交流，二是众多的画廊古玩市场，三是一些国有文物商店，四是拍卖会。前两种究竟每年销售了多少艺术品，产生多少经济效益，很难统计，后两种有案可查，尤其是大大小小的拍卖会都会把自己的成交额公布在报刊上，只有报多的，没有报少的。目的很明显，发的成交额大，自然宾客盈盈，引来众多的卖家和买家。事实上这些公司所公布的成交额不少是虚假的。其中形形色色的歪门邪道，可谓十分精彩。举几个例子，便可明白其中的套路。

自己炒作

有些知名度不高的画家，虽然其绘画功底很好，但画作的价格就是上不去；原因是国人收藏画作，讲究"名人"，并不完全讲究画技。因此，有些知名度不高的画家，为提高自己的知名度及画作的价格，便与拍卖公司联系好，选几幅自己的画作去参加拍卖。

拍卖时找几个"托儿"，一个劲地举牌，将自己画作的价格抬得很高，直到落槌。这其实是自己在买自己的画，最后给拍卖公司一点佣金就行了。还有的画家与拍卖公司的领导关系好，送几幅画意思意思就行了。

事后，这些画家便在报纸上吹嘘自己的画作在某拍卖公司卖了多少钱，利用拍卖公司的图录来吹捧以便推销自己的画作。经过几次炒作，这个画家的名气就大了，画作的价格也就上去了。

经销商炒作

中国当代艺术家作品的高价，是由少数经销商恶意拉高而成的。

如有的当代艺术家的作品早年大量流入国外，被一些藏家和艺术机构低价位收藏，现在行情看好，高价位抛出。还有部分艺术家被经纪人买断并包装、炒作，经纪人通过拍卖公司，不断出高价购买自己送出的画作，等画作的价位上涨后再抛出。还有一些经济实力强但艺术修养差的收藏者，往往会斥巨资投资当代艺术品，这其中固然不乏"盲目"的成分，但很多是掉进操盘手的陷阱。事实上，一些搞书画收藏的"暴发户"根本看不懂一张画的好坏，只知道讲名气，即所谓"名人字画名在前"。一位艺术市场观察家说："中国人是用耳朵在买画。"这句很形象。

自拍自买

自拍自买，又名"假拍"。"假拍"的情况复杂多样：除前面讲过作者利用拍卖会炒作自己作品外，还有许多是藏家，他们事先将拍品低价买断，然后安排人手，在拍卖会上故意抬高价格，然后由藏家高价拍下，这样留下花重金买下的记录，目的是为下一次拍卖作好高价格抛出的准备。

有的拍品是藏家的自家藏品，特意拿出来参拍，标个高价格，最后是自己买下。这样做可以抬高自己藏品的珍贵程度，也为这件藏品在社会上留下流传有绪的记录……总体上说，拍卖会拍出的价格，你千万不要全信。

保底价的圈套

少数拍卖公司利用保底价作为圈套，专门捕捉有价值的拍品，正所谓"螳螂捕蝉，黄雀在后"。

其基本方法是：拍卖公司接到一件优良的送拍品时，会故意贬低拍品，标出低价格，然后与作者（或藏家）商量，签署一个不低于保底价即可出售的正式合同。然后拍卖公司立即以别人之名，以保底价将这件送拍品立刻买下。这样，拍卖公司就以很低廉的价格，买到一件极有升值潜力的藏品。在下次拍卖会上，卖出高价。作者（或藏家）因签署了不低于保底价即可出售的正式合同，中了拍卖公司的圈套，使自己蒙受巨大的损失。

据报道：北京某拍卖公司与送拍人签订了拍卖乾隆真迹画《岁寒三益》的拍卖合同，双方约定保底价为5万元。在正式拍卖前，拍卖公司打电话通知送拍人：有人已出4.5万买断，并已拿走画作，扣除佣金后的款额，已全部打进送拍人的账号。送拍人不同意，拒收该款，并要求拍卖公司追回画作。但拍卖公司以送拍人已同意交易为由，拒绝送拍人要求。

不久，这幅《岁寒三益》便再次出现在拍卖会上，落槌价为122万元人民币。拍得此《岁寒三益》者正是之前的买者。随后，《岁寒三益》又很快转卖给宁波某公司，而之前的买者正是该公司的法人代表。之后，这幅《岁寒三益》又被送到嘉德拍卖，保留价已升至200万元。目前法院已正式受理该案。此官司无论输赢，最终的教训是：艺术品拍卖这汪潭水，拥有远非常人所想象的深度。

拍卖赝品

《拍卖法》中有漏洞，拍卖公司可以不对赝品负责。一些不能自律的拍卖公司，便钻这个空子，将许多赝品堂而皇之地印在了拍卖图录上。过去有些小拍卖公司这么干，现在不少大拍卖公司也不甘寂寞，上了不少赝品，使本来就不干净的拍卖市场更加混乱了！

《拍卖法》制定时可能考虑到艺术品的特殊性，但即使不能完全保真，至少可以改成原则上应该保真吧？所以说，刚刚进入拍卖市场的藏友们，千万不要相信拍卖公司的拍品都是真的。你买了赝品，人家也不会把钱退给你。所以，你在竞拍藏品之前，一定要仔细看看预展，自觉眼力不行，可请几位眼力好的专家为你把关，这样才能不买假货。

过去是拍卖会上仅有少数赝品，后来发展至百分之二三十，现在已经达到百分之四十左右。这还是正常的。有少数拍卖公司拍品中赝品竟然达到了百分之八九十，甚至没有一件真品！正如民间所流传的："真货不挣钱，仿品挣大钱。"

因为真货都是一些大路粗货，吸引不了藏家的眼球，而仿品所仿，都是名品，藏者不识货的话会花大价钱买走。

目前，赝品充斥拍卖会场，虽然是品行不良的拍卖公司的行为，但不少专家也难逃其责。君不见，不少专家收取了不良拍卖公司的小利后，亲自撰文在媒体上为拍品宣传鼓吹，出于贪图私利、指鹿为马的现象已较为常见。这些专家在不少鉴定公司出任专家、顾问，过多地参与市场经营活动，对目前的市场混乱负有不可推卸之责。

当前文物艺术品市场的弊端已显而易见，因主管部门分工不明，拍卖公司暗箱操作，交易不透明，缺乏权威可信的保真、估价、科技鉴定等科学体系，公信度受到公众质疑。文物艺术品市场的投资已多于收藏，而投资也已变为投机了。我认为，建立一个由政府监管的类似于证券交易所的文物艺术品交易中心是有必要的，做到投资中的风险可控制，按市场规律引导和规范交易行为和方向，有自己商业模式和系列政策配套，辅之以高科技手段、金融衍生工具运用为一体的，适合于大众参与的新型文物艺术品交易中心。

天价成交

有少数拍卖公司，为了扩大自己的知名度、美誉度，常常会组织一些所谓的"国宝"级艺术品进行炒作，价格抬得越高，就越有新闻价值。

某公司组织了一组某画家所作的组画，底价为两千万元。一位藏家看上了这些画，决定买断，拍卖公司知道后很高兴。因为此组画进来才一千万，一下就能净赚一千万元，何乐而不为？再说，若正常进行拍卖的话，拍卖公司自己心里也没有底，也许能拍个好价格，但也有可能"流标"，倒不如安安稳稳拿到一千万实惠。

拍卖像模像样地进行。出乎人们的意料，竟然有几位藏家对此组画很感兴趣，价格一路飙升到五六千万。最终，还是让看上了这些画的那位藏家买到手了。

拍卖会结束后，这位收藏家对媒体说："这组画就是拍到一个亿，我也要！"

这位收藏家之所以这样说，并不是出于对艺术的热爱与追求。而是他清楚自己已经买断了这件作品，无论拍到多少，自己只出两千万！这样一来，不仅

《华豫之门》节目录制现场

拍卖公司出名了，举办的拍卖会拍卖结果打破了某某画家作品价格拍卖的纪录，藏家也跟着出了名。

无底价拍卖

无底价拍卖，顾名思义，就是此件拍品没有底价——哪怕是你只出一分钱，若没有人与你竞争，这件拍品就属于你了。

这本来是一种十分有利于艺术品市场繁荣的拍卖形式，但被一些拍卖公司巧妙地利用了。成为套财的手段。这些拍卖公司在印刷图录时均标上"无底价"。拍卖开始了，当你举牌时会突然发现许多人与你竞争。举牌人中有一部分是正常的竞买者，有一部是当"托儿"的委托人。图录上虽然明标无底价，但一旦开拍，"托儿"会准时到场，与你一起竞拍。拍品卖不到他的心里价格，他不会放手。举牌人中还有一部分人是拍卖公司委派的，会坚持到委托人与拍卖公司签订的底价时才住手。

"无底价"只是个假象，用来吸引人们眼球的策略。

标低价

另一种常见做法是标低价，就是把原本价值5万元的藏品，在图录上故意标出5000元的低价。买家一看，实在便宜，以为拍卖公司不懂行情，都争着去"捡漏"。拍卖会开始后，价格唱几轮之后，就会扶摇直上，飞速突破5万元。有些藏家容易冲动，爱较劲，在那种气氛之中会失去理智，会用超过藏品几倍的价值将其买下，但事后不久都会后悔！

拍卖公司很聪明，能抓住人们的心理弱点，先利用标低价策略，吸引大量买家来参加拍买会；然后又在拍卖会精心安排人手，营造了较劲的气氛，刺激买家的购买欲望。这种"低价出台，高价出手"的策略，往往奏效。

资金回流

一些企业老板，为捞钱，挖空心思。他们与拍卖公司老板商量，决定买一些艺术品，买断价是500万，开拍时老板举牌举到1000万。藏品买回来后，往企业的陈列室一摆，即所谓"企业文化"，等着保值升值。同时也让企业员工都知道，这是企业老板用1000万公开拍回来的艺术品。

企业确实从账面上划给拍卖公司1000万元，但拍卖公司留下500万，剩下500万元又会转入老板的腰包。私营企业的老板亦是同样：以极少之款买断某件拍品，参拍时不断举牌，如抬到理想的高价，让别人得到，高出买断价所得归自己。如果自己拍得，以企业之名将企业未完税的赢利划出，逃得税款。因为私营企业拍得艺术品的所有开销都挂在企业账上，摊入经营成本，企业免交了税款，而艺术品作为"经营设施"每年折旧后消耗为零资产，升值后的艺术品最终合法地成为私企老板个人之物。暗箱交易中大量偷税漏税以及洗黑钱等现象，已成为滋生腐败的一张大温床。

高估价

北京有几家拍卖公司整天在做坑害人的事，在收藏界已臭名昭著了。他们采用

本书作者在鉴宝会上鉴定青铜器

"高估价"的策略，设局坑害收藏者。

你拿一件藏品去这家拍卖公司，拍卖公司不管藏品真假好坏，都会说好，表示可以参拍，并说藏品太好了，是国宝、价值连城等等，并把价格估得很高，一再告诉送拍人，这次一定能拍个好价钱。让送拍人大大地高兴一场。

待拍卖协议签订后，拍卖公司便开始收取各种费用，有图录费、保管费、宣传费、证书费、保险费等，少则几千，多则几万，甚至几十万。由于天价的预期，送拍人就是借钱也要上。然后，拍卖公司又请来几位鉴定大师为藏品鉴定，出具鉴定证书，然后又开始在媒体上大肆炒作："此次拍卖将隆重推出罕见珍品，有权威专家证书……"

拍卖时，场面异常热闹，叫买声此起彼伏，眼睁睁看到自己的藏品拍了个天价，心中好不喜欢！两个月后，你喜滋滋地到拍卖公司取钱时，却傻眼了：拍卖公司的接待小姐会满脸堆笑对你说："对不起，你的送拍品是拍出去了，可恨的是那个竞买人不讲信用，不付钱跑了！我们也没办法啊！"你会想：是啊，这跟拍卖公司有什么关系，他们该做的都做了，全怪自己的命不好，遇上个无赖！

其实，根本没有竞买人，全是拍卖公司做的局。这种骗局，就是骗取参拍费用。这类公司全国有不少家，有的拍卖公司每年骗取佣金多达几千万元，全国不知道有多少收藏爱好者上当受骗。善良的老百姓被蒙在鼓里，全然不知真相。

我见过一对上过当的老夫妻，第一次交了5万元，拍卖公司经理说竞买人不讲信用，不付钱跑了！又夸他们的东西实在好，只是不巧，遇到个不讲信誉的买主，再让他们拍一次，收费优惠，只要交3万元。结果还是如此。老两口真是有苦说不出，只认命不好，以后再也不去拍卖公司了。

重庆一位资深收藏者曾携藏品到北京参加拍卖会，成交了5件，成交金额30余万元。当他与这家拍卖公司联系收款事宜时，拍卖公司却说拍卖会成交过程是"托儿"制造的假象。如果收藏者与拍卖公司打官司，拍卖公司可以把责任推给"参拍人"，说"举牌人已不知去向"。由于目前法律对参拍人缺乏约束，最后只能不了了之。

这类公司，目前有越来越多的趋势。因为这种方法赚钱太容易了，又没有相关法律制约和处罚。收藏爱好者对此一定要有清醒的认识。

骗取检测费

目前，科学仪器测试鉴定中心，绝大多数是以盈利为目的的公司。拍卖公司与科学仪器测试鉴定中心合作，坑害人的事例不少。

最绝的是拍卖公司自己也成立科学仪器测试鉴定中心，一班人马，两张牌子。凡送拍卖品者，均要求到指定的科学仪器测试鉴定中心进行所谓的"科学检测"。其实只要肯交钱，赝品也同样可获得鉴定证书，并一定能参拍，但测试鉴定费用少则数千元，多则数万至十余万元钱。最终以流拍，或拍卖成功却因买者原因无法交割而告终。无数的送者被这种方法欺骗过。但这种骗局，近年才被受害人识破，在媒体上公布出来。

目前我国艺术品拍卖市场比较混乱，拍卖公司每年都在增加，一些正规的大拍卖公司却被一些小的拍卖公司搞得快坚持不住了！有一家拍卖公司，以前的拍卖品真品率达到90%以上，现在是一半真一半假了，这也可能是被逼无奈吧。如果国家不采取一些有力措施，我想用不了一两年，还要有正规的大拍卖公司被挤垮，那时，艺术品市场将完全是"魔鬼当道"！

最近，有几家拍卖公司请我去鉴定拍品，我认为有几件拍品存有疑问，建议他们不要参拍，可预展那天，还是上了，因为他们已经找到了买主。拍卖公司的眼里，一头是专家，一头是金钱，当然金钱的分量比专家要重，天平自然向金钱倾斜了！国家应该尽早采取措施，解决这一问题，否则会越来越乱，陷阱会越来越多。

唐代　镶嵌螺钿人物花鸟镜

直径24.5cm

圆钮，纹饰用螺钿镶嵌成一幅图画。画中两老翁坐厂树前，左侧一人弹阮，右侧一人持杯欲饮，前置一壶一樽，后有一侍女捧物侍立。树下蹲坐一犬，两侧鹦鹉展翅。树梢上饰对称叫鸟，小鸟立于枝头，大鸟振翅于树梢。下有一双鸳鸯和二双小鸟，其间点缀草石落叶。嵌螺钿青铜镜是唐代著名的工艺珍品。

收藏十三忌

忌按图索骥

刚进入门的藏友，买藏品主要是参考图录，这是对的。但值得注意的是，即使藏品与图录上的一模一样，也不见得是真品。因为图录是一个公示标型，制假者可以按照图录制作，自然是一模一样。要想辨别藏品的真伪，还要学好"痕迹学"，这就要求我们经常看真品，同时也要看假品。真真假假，假假真真，看多了，眼力也就提高了。

此外还应注意，有的书中全是赝品，他们将书的出版日期伪造为六七十年代，以此迷惑收藏者。有的图书、图录，是一些收藏非名家书画真迹的人编写的，以便在以后的书画交易中，以此书为据，证明所卖的书画有出处，证明作画家是名

本书作者与藏友们见面并鉴定瓷器

画家，至少是一位小有名气的书画家。目前，这类所谓"有出处"的非名家真迹，在市场中成交率和成交价都很高。还有人自费出书，目的是宣传炒作自己的作品或藏品。更有甚者，有的书是非法出版物。按这类图书提供的图片和资料去求藏品，怎么能不上当呢？

更要注意的是，文物鉴定理论具有阶段性成果的特点，20世纪80年代的鉴定经验，用来鉴定20世纪90年代的仿品，就会打眼，因为仿制水平每年都在提高。

忌听故事

刚进入收藏界，许多藏友会被小贩所讲的故事所打动。故事的情节会因人而异，但向你传递的重要信息却只有如下几种：第一种，祖传下来的；第二种，地里挖出来的；第三种，海外带回来的；第四种，坟墓中盗出来的；第五种，博物馆偷出来的……

你只要听懂其中的一种信息，就会觉得"捡漏"的机遇已不期而至，于是就欣然掏钱买下赝品。但过不了多久，你就会大呼："上当了。"

真正的收藏家是不听讲故事的，因为他见过太多讲故事卖假货的人。所以只看货，不听故事。

造假者还有一招，叫"埋地雷"：即事先将假货埋入"古墓"或"窖藏"中，然后告诉你：几处墓葬、窖藏已经踩好点，晚上一起去挖。挖出的东西上附有泥土，虽看不清楚全貌，因自己目睹了文物出土的实际过程，也不由得不信，全部买下。回家清洗后才发现东西不对；当然也有人认为墓里出来的绝对是真品。

"埋地雷"与"讲故事"，使用了相同的策略。

忌小贩引诱

在不少古玩市场，只要你衣着打扮像个有钱人，又是不常来的生面孔，就会被一群小贩盯住，小贩年龄在20岁至40岁之间。他们之中的一个会悄悄跑到你的身边轻声对你说："老板，我那儿有好东西，价廉物美，过去看看吧。"一般刚涉足古玩圈的人，都会接受这种具有神秘感的邀请。

小贩把你带到离市场不远的一家旅店里，向你展示他的"宝贝"。一般人，特别是刚入此道的人，不知道古玩市场的复杂性，在各种故事的忽悠下都会上当受骗。其实他们的藏品都是赝品，而且都是一些低档货。这些人年轻，对各种文物名词都能说上几句；身强力壮，哪里有交流会、博览会他们就会去。通常是几个人带一些仿得好一点的藏品去打前站，如果找到买主，就会说自己家里还有更好的，一个电话，大批假货就会迅速调来。当然小贩会做买卖，货不会一次让你全看到，而是经常更换旅社，一个星期左右请你看几样，谎称回家刚收来的，其实他们根本没走。

忌偏僻之地

我遇到不少藏友，说他的藏品不真，他不服气，还振振有词地说："我的藏品是在某荒山野岭的人家中买回来的。那地方兔子不拉屎，野鸡不下蛋，道路曲折，很少有人去。怎么可能有赝品呢？"这些人也不仔细想想，你能去的地方，难道别人就不能

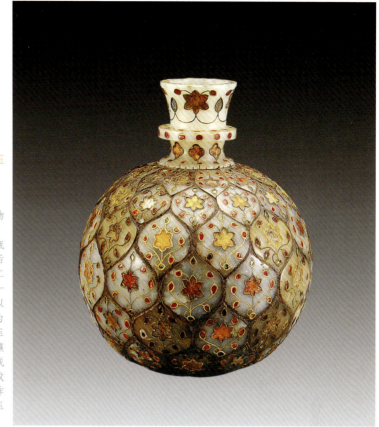

清乾隆 痕都斯坦玉
石榴瓶

高19.5cm

台北"故宫博物
院"藏

这件痕玉石榴瓶
出自西亚名师之手，后
被清宫收藏。此瓶做工
甚为奇特，仅瓶颈用一
块羊脂玉制成，瓶颈以
下的部分采用金属丝为
框，然后在框中镶嵌小玉
片而成。瓶体上的玉片镶
嵌，又结合嵌宝石，构成
形成了精细华丽的装饰纹
样。这样的镶嵌方式制作
玉器，确实不是中国制玉
的作风。

去吗？我曾在安徽大山中一户人家买过假铜器。一些文物贩子，常把赝品提前一两年埋在深山老林里，伪造成一个被荒弃的坟堆，然后带买主去挖。现在他们专挑长着参天大树的坟墓，从远处斜打一个洞，把赝品放进去，然后再带买货人去挖。

忌高龄老人

在公众心目中，卖假货的人都是青壮年和小伙子。其实不然，眼下一些贩子专门将一些赝品放在年已古稀的老人家中，然后教这些老人讲故事来欺骗藏友。

在某市，有一位贩子到农村找了一位肤色白皙的老太太，给她洗了个澡，换上新衣服，让她谎称是国民党某将领的遗孀，家里藏的东西，是这位将领逃离大陆时留下的。将购买的人带来以后，这位遗孀的任务就是在一旁"嗯哪，嗯哪"点头——无论贩子说什么。这一招很灵，贩子手中的"乾隆花瓶"，卖了二百多万元。

现在有些文物贩子专门请老人当托，这事我也遇到过。有一个文物贩子约我去深圳看一幅字画，说是一个国民党高官逃离大陆时给老婆的。我到深圳一看，还真有那么一个老太太，打扮得很得体，说起当年的事，头头是道。当我发现字画有假后，就问那个文物贩子。他倒也爽快，告诉我老太太就是他请来的托，专门扮演国民党高官的遗孀。

忌过分自信

过分自信，是不少收藏者的通病，特别是大部分买到赝品的收藏者都有这个毛病。他们对某一件藏品的认知，往往是片面的，只看到"自己认为对的特征"，而且越看越喜欢，越看越觉得"对"！也根本听不得否定的意见。

其实一位优秀的鉴定家，鉴定时靠眼看、手摸、耳听、鼻闻，主要靠经验与学识的积累，他们坚信文物鉴定是靠"反证法"，也就是在找疑点。每找出一个疑点，这件藏品就叫"存疑"；找出第二个疑点，这件藏品也就基本定性了；找出第三个疑点，这件藏品就彻底被否定了。

任何一件仿古瓷器，无论在成型工艺、烧窑技术、器物造型、胎质、釉色、纹饰、款识等方面做得惟妙惟肖，但都应当存在着破绽。因为真瓷器的时代风格、造型、质地、工艺、材料、画意、款识是很难找到疑点的，但仿品却很少能面面俱到地仿得一点不差。作为收藏爱好者一定要知道这个道理，也就是要谦虚谨慎，不骄不躁，才能取得成功。

作为一个鉴定家一定要说真话，对赝品毫不客气，宁愿被人骂一时，不要被人骂一世。因为许多事情，随着时间的推移会搞清楚的。你买了一件仿品，我说你的东西不好，你一时想不开，骂我，但是随着时间的推移，你醒悟了，觉得我当初说得对，我只是被你骂一时；反之，你买了件赝品，我说你的东西好，你当时很开心，时间长了，有一天突然觉的东西不对了，会骂我一世！

忌雄心勃勃

有一些藏友说他们对艺术品样样喜欢，其实是想样样拥有。如果一个规模不大的私人收藏馆，从铜器到瓷器、玉器、书画等应有尽有，并件件都是真品，这就值得怀疑了。

要知道，人的聪明才智是有限的，仅陶瓷一门知识就够博大精深了，将它弄懂就不错了。陶瓷中有从新石器时代至秦汉的彩陶、黑陶、灰陶、白陶、印纹硬陶等，汉唐辽宋金元铅釉单色陶、三彩陶等；瓷器则有商周原始瓷至清的单色釉瓷以及青花、五彩、粉彩、斗彩、珐琅彩、红绿彩等彩瓷，东西南北窑口无数，哪一项不要研究多年？怎么可能样样都懂？样样都懂的人，其实是样样都不精，对每一种都只知皮毛。

时下，有不少私营综合博物馆，但没几个能搞得好的，有的铜器品质好点，但陶瓷品质就差；有的陶瓷好点，玉器品质就差；有的明清瓷好点，但高古瓷要差；有的高古瓷好点，但明清瓷品质差一些。私人收藏不能与国家博物馆比肩。所以，我认为私人博物馆和私人收藏最好为专项收藏。

忌倾囊收购

收藏既可专业，也可业余。收藏以业余为好，把收藏作为生活一项内容，可陶冶情操，了解我国历史文化，学点文化知识。但有的藏友却一心想成为收藏大家，遇到中意的藏品，便倾囊收购，钱不够就向朋友借。藏品如果买对了还好说，万一买了赝品，连吃饭的钱都没了，还欠下一屁股债。

国外一些收藏家，在不影响自己正常生活的前提下，每年只用自己收入的百分之几来收藏艺术品，绝不会倾囊收购、把钱花完，要留点积蓄，维持正常的生活。太阳每天都要升起，晚上还要落山，日子还要过。藏友一定要量力而行，要理性，不能一时冲动。一个人成名有多方面原因，有激情是对的，但也要有灵气、才气和克制力。

有一次，武汉有一位收藏家请我看他收藏的东西，他家里面摆满了超市里的那种货架，货架上堆满了青花瓷器。这个人省吃俭用，就是为了买这些藏品。我看完他的藏品后，心里很不是滋味，因为全部是假的。我只能告诉他：你感觉不行，不要再投资买这些青花瓷器了。

上海有个60多岁的老先生，花费毕生精力买了很多古玩，请专家鉴定，有的说真，有的说假。最后，他找了五六个专家来"会诊"，专家说全是假的，老先生当场就中风瘫痪了。这类事情，我在全国各地看得太多太多了，人们花了那么多钱，收藏一堆赝品，令人心中很不是味儿。

忌有一夜暴富之心

我国搞收藏的人有几千万，想发财的人是大多数。想发财并非坏事，党中央把战略重点转移到经济发展上，也就是想叫大家发财。只要是在国家的政策、法律、法规允许的范围内发财，都应该给予支持。

通过收藏发财的人有之，因为中国

徐州狮子山西汉楚王墓 竖形玉龙

高17.6cm 宽11.3cm

江苏徐州狮子山楚王墓出土（1994）。白玉透雕，有黄色沁斑。玉龙张口露齿，圆眼，眼下有一小孔，可系绳，唇下有须，波动飘扬，头生双角，各向前后弯曲，足爪劲健凶猛，身饰涡纹，尾平而内卷。该形龙共出六件，两面相同，形制相近，有大小、胖瘦及尾的卷曲度和尖尾、平尾之分。

人多，市场大，文物少，爱好者逐年增加，买卖古玩的人不少发了财，但发大财的不多。因为发大财有其偶然性和必然性。如果你脑子里总想着一夜暴富，也许就暴富不起来，或物极必反，花了钱赔了本。如一件元青花鬼谷子下山图罐拍了两亿多，许多人都去找元青花，结果没有一个人找到真品，找来的全是赝品，钱打了

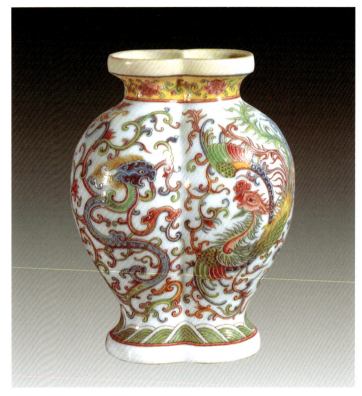

清乾隆　珐琅彩龙凤纹
双联瓶

高14.1cm
口径6.8～3.4cm
底径7.4～4.5cm
上海博物馆收藏
瓶呈双龟合体状，器
身两面各绘一组珐琅彩龙凤
纹，有红、黄、蓝、绿、绛
紫等色。颈与胫部各绘黄地
缠枝花卉和海水纹一周。底
有蓝料双方栏"乾隆年制"
宋体款。

水漂。

有不少收藏家，自诩收藏的全是名器，什么元青花大罐、洪武釉里红玉壶春瓶、成化鸡缸杯、宣德青花盘、永宣佛造像、商周青铜器等等，其实都是赝品，而且购买时都很贵，花了大价钱。

造假者懂得这些收藏家都怀有"一夜暴富"的心理，假瓷器卖便宜了，你会认为是假的，所以抓住你的心理，便宜他还不卖……

张浦生先生说得好："贪古不富，识古不穷！"我认为此话很对。只要你提高了眼力，优秀藏品会不经意地跑到你身边。

忌鉴定证书

中国古玩赝品的数量堪称"世界之最"，与此相媲美的恐怕是"鉴定专家"了。中国有多少鉴定专家？没有具体数字。但可以这样说，不管鉴定专家有多少，肯定与古玩的情形一样，真的少，假的多。许多藏友的藏品不真，但可以拥有鉴定证书。

因我国的艺术品市场很不规范，国家没有一个为民众做文物鉴定服务的正规机构，全国有大小的鉴定机构几百个，大都是私人开业，只要肯付费，就可请"专家"开具鉴定证书。

可是，人们很少想过开具鉴定证书的都是些什么人？

对于藏家来说，买了假货，只是一层受害，得到假证书，才是两层受害！

这里有几则真实的小故事：

山东有一藏家，拿了一件自认为最

六朝　玉辟邪

高 9.6cm 长 13.2cm 宽3.55cm
台北"故宫博物院"藏

清宫旧藏。玉辟邪作昂首张口，跨步游走之状；长髯及胸，长尾曳地，肌肉随身躯的转折而扭动；双翼贴身，背羽贲张，细部以阴线琢绘，栩栩如生。乾隆皇帝很喜欢这件六朝玉辟邪，将其陈设在养心殿中玩赏，曾为赋诗四十二字，刻在此辟邪胸前，再配以双层紫檀木座，上层底刻"乾隆御玩"四字，下层底刻御制诗全文；均以银丝镶嵌，高雅精致，原为养心殿中陈设。

好的东西请某专家鉴定，专家说东西不对。工作人员偷偷对专家说，这件东西就是你前几年鉴定时说"对"，他才买的。专家说："我也有看错的时候啊！"——可怜的藏家，因听信专家一句话，损失了数十万元。

电视新闻节目曾为我们展示过这样一个实例：某藏家花30元，在批发点买了一件仿红山文化古玉，找到一位国家级鉴定专家鉴定，专家收取1500元后开具证书：真品，估价30万元。此事被媒体抓了个正着。但这专家居然在某著名古玩城内公开鉴定达十年之久，不知误导了多少人！

《法制日报》曾报道：近来在陕西、湖南、河南等几家具有司法鉴定资格的民间文物艺术品鉴定机构，出具了所谓"司法鉴定证书"，打着具有法律证据效力的幌子，收藏者如果不懂"司法鉴定"是怎么回事，很容易被误导。

某藏友去参加鉴宝活动，专家看了这位藏友的瓷器，便说："假的，新仿。"藏

本书作者为藏友鉴定藏式金铜佛像

友掏出一张鉴定证书，问："这可是您以前开具的鉴定证书！还收了我2000块钱。"专家将这张鉴定证书仔细地看了一遍，抬头望着藏友，不知怎么回答。藏友又问："你不是某博物馆的吗？"专家立刻说："这是个人行为！"

文化部文化市场司副司长张新建指出：艺术品鉴定体系的完善还有很多工作要做。第一，国家要建立国家级艺术品评估鉴定专家委员会；第二，建立艺术品评估鉴定从业资格制度；第三，加强艺术品评估鉴定机构的管理；第四，建立完善艺术品评估鉴定经营管理规范；第五，明确艺术品评估鉴定的法律责任。

但愿这些事情能早日实现！

忌 "科学鉴定"

随着一些略懂点鉴定的所谓的"鉴定家"在市场上的出现，人们愈来愈不信任所谓的"眼鉴"，大多数人开始相信科技鉴定。虽然标型理论确已不能完全适应文物鉴定，但是科学鉴定也有自己的局限性，不一定能成为鉴定的救命稻草。

掌握科技鉴定的人一定要懂得文物，否则就好比一个没有学过医的人，买个听诊器，就去给人看病，自然会导致病情更加严重。

国内外先后将热释光、中子活化、外束质子激发X荧光和同步辐射X荧光技术用于古陶瓷的鉴定和研究。

热释光测年代主要用于陶瓷，但误差太大，且鉴定瓷器的技术早被作伪者破译，如刚出窑的产品经人为X光剂量照射，热释光鉴定后为"古代真品"。

中子活化分析技术可进行多元素的微量分析，因取样分析而无法直接进行文物鉴定。外束PIXE和步辐射SRXRF是古陶瓷鉴定的较好方式，一可无损分析，二是可以分析胎釉色料中的主量、次量和微量元素成分和含量，但目前还没有建立好较完整的数据库，所以得出的结论不能完全令人信服。社会上的氧化物含量鉴定更不科学，因为新旧陶瓷器在氧化物的种类和含量上，均可以做到没有区别。玻璃相老化法鉴定还停留在理论阶段，操作性不强，玻璃相中硅氧四面体的断键比例或者玻璃相中雏晶的比例等与年代、真赝无关。

有人指出："古陶瓷真伪鉴定的某些实例对社会科学工作者和科技工作者提出了新的挑战。20世纪90年代，潘家园古玩市场由于有大批古陶器赝品的出现，引起一场很大的风波；外籍收藏家收藏的青花云龙象耳瓶真伪问题，同样在鉴定界、科技界引起了激烈讨论……在这两件真伪鉴别事件中都出现了社会科学工作者真伪判定结论不一、科技检测分析方法结果也不一致的情况。"

2000年，《文物》刊发了《古陶瓷的同步辐射X射线荧光分析研究》、《青花云龙纹象耳瓶热释光检测报告（一）》、《青花云龙纹象耳瓶热释光检测报告（二）》，对青花云龙纹象耳瓶的真赝、年代检测结果也不同。

较可信的是上海博物馆的热释光"前剂量饱和指数法"，测出这对青花云龙纹象耳瓶的烧制年代小于距今100年。

我们相信科学，但反对打着科学之名骗取钱财的伪科学。

目前来讲，我认为"眼学"是鉴定文物的最好科学，人们大脑里的数据库远远超过所谓的鉴定机器，然而我们也不能对科技检测进行全盘否认，要用它作为辅助手段，这才是科学。等到将来科技检测成熟了，我们再去相信他也不迟。

再则，有关部门的一些规定也叫人

央视《理财》节目录制现场

难以捉摸。就玉器来说，有关部门明文规定：凡是昆仑山脉出产的透闪石、阳起石都是和田玉。如此一来，目前几乎所有艺术品商店出售的现代玉器都标的是和田玉。因为这是国家标准，你打官司也打不赢。有九位大老板的太太，到某玉器厂去买玉器，厂长说他们厂里生产的玉器绝对是和田玉。结果，领头的大姐花了20万买了一只手镯，其余的八姐妹也各自花了十万八万买了一只所谓的和田玉饰，结果回北京给专家一看，全是青海玉，也就几千块钱一只。姐妹们要去找厂长，专家说："算了吧，找了也没有用，这是国家规定，上仪器检测也不行，它的成分和和田玉是一样的，要想分清和田玉和其他玉的不同，只能用目鉴，没有长期积累的丰富经验是不行的，你们只能自认倒霉吧！"

由此可见，玉器市场是多么的危险，我们说是作假重灾区不为过。

王立军 **说** 收藏

Wang Li Jun Shuo Shou Cang

忌迷信"海外回流"

随着我国综合国力增强，海外回流文物明显增多。有不少仿品，也打着"海外回流文物"的名义，迷惑了不少藏家。

某拍卖公司举办"海外回流文物"专场拍卖会，邀请我去参观，我见其中有不少是赝品，部分拍品，其实是一般工艺品。拍卖公司还请我在报刊上重点介绍几件"珍品"，我婉言谢绝其"红包"，并指出："拍假与假拍，会失掉诚信，这一拍卖市场的顽疾，何时能治愈？"但拍卖会还是如期举行，据说无一流拍。

南方某拍卖公司拍品中有一件"海外回流曜变天目盏"为高仿品，却拍出了上百万人民币，让迷信海外回流文物的藏家吃尽了苦头。但还有人执迷不悟，认为海外回流的文物有保障。当然，海外回流的

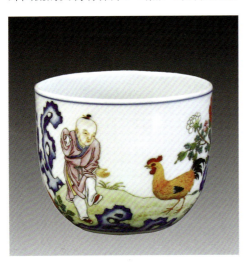

清乾隆 粉彩鸡缸杯

高7.1cm 口径8cm 底径4.5cm
江西省景德镇陶瓷馆藏
清代乾隆官窑用粉彩技法仿成化斗彩鸡缸杯，杯上有乾隆皇帝的御题诗，底有"大清乾隆仿古"青花篆体款。

真品也不少。

了解历史的人，应当知道即便是真正从海外回流的文物，也不见得就是真品。清末民初，日本人喜欢宋代龙泉窑瓷器，北京琉璃厂一些古玩店的仿制高手，就仿制许多宋龙泉窑瓷器，贩卖到日本，以著名的日本古董店"茧山龙泉堂"进货最多，当时日本人都认为是宋代龙泉窑瓷器。欧美喜欢彩绘瓷，北京琉璃厂一些古玩店的仿制高手，就仿制了许多明清官窑彩绘瓷器，供应欧美商人。现在这些东西回流，的确是真的"海外回流品"，但会是真正的古瓷器吗？

忌跟风买货

当今的中国艺术品市场，珍品十分稀少，如元青花、洪武釉里红、成化鸡缸杯、青铜立鸟壶、永宣金铜佛像等，都是稀世珍品，可遇不可求。拍卖公司三千万拍出一只成化鸡缸杯，大家就一窝蜂去找成化鸡缸杯；拍卖公司两个亿拍出一只元青花，大家就去寻元青花，结果找来的全是仿品。我所见到许多收藏家的珍品，其实大部分是赝品，而且都是盲从跟风时买到的，有的人目前还蒙在鼓里，到处展览，著书立说，讲得头头是道，但令人遗憾，藏品毕竟是假的。

切不可轻信某青铜器价值多少、某汝窑拍卖价值多少、某红山玉器又价值多少之类的话，拍卖会上的价格与古玩市场上的价格是有差距的。如某人的藏品在电视上专家给出上百万元的参考价，可拍卖公司不接，连藏家的购入价都不出……这例子很多。

108

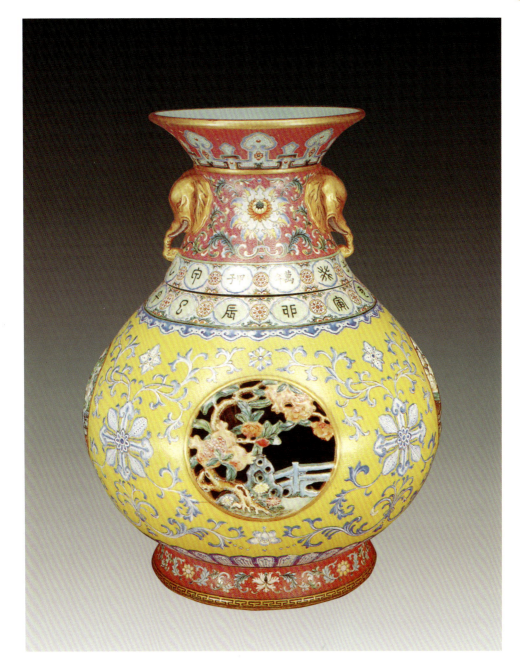

清乾隆　黄地青花交泰转心瓶

高19.8cm　口径9.2cm　足径11.3cm　高35cm

故宫博物院藏

　　转心瓶由可转动的内瓶和镂空外瓶组成。外瓶以黄地青花缠枝花为纹饰主体，腹部有上下交错的丁字形镂空装饰，俗称"交泰"。内瓶以紫红彩为地绘一株梅树。底饰松石绿釉，有青花篆书"大清乾隆年制"款。转心瓶制于乾隆八年(1743)，含吉祥之意，寓上下一体，天下太平，万事如意。

东印度帕拉王朝（9世纪）　石雕佛成道像

东印度佛像是指东印度帕拉—舍那王朝(约750～1202年)扶植下形成的佛像艺术，一般称为"帕拉风格佛像"。此时佛教借鉴印度教的仪轨咒术，演化出金刚乘、时轮乘等密宗流派，佛造像生动优美，对藏传佛像有巨大影响。

第四篇
鉴藏心得

我怎样收藏汉传金铜佛像

中国金铜佛像是国际艺术品市场的宠儿，近年来价格连创新高，令人咋舌。原因是中国金铜佛像，是佛教特有的造像形式，造型优美，工艺精湛，鎏金层厚实，光耀四射，具有很高的艺术价值和欣赏价值。中国金铜佛像不仅是供奉，还能慰藉心灵，被称作是"抚慰心灵的艺术作品"，这是其他艺术品不能取代的，因此受到收藏追捧是有道理的。

缘由

说起我收藏汉传金铜佛像的缘由，还有一段故事。此前，我喜爱收藏中国古代陶瓷器、青铜器，对佛像所知不多。后来我多次到国外，去博物馆参观，见展出品中有不少我国古代金铜佛像，做工精美绝伦，我看了半晌，心想：这些国内博物馆里都不曾拥有的宝贝，怎么全都跑到外国博物馆里去了？

参观时，外国讲解员洋洋得意地讲述着这些宝贝的历史价值、艺术价值，仿佛是给中国人讲中国艺术史课。我越听越不是滋味。当我看到馆藏中国金铜佛像，有的甚至是"新坑"出土的，便对那些文物走私犯感到气愤！

眼前的这些金铜佛像，有些是我国南北朝和隋唐时期的极品，堪称国宝，连我这个长跑博物馆的人都很难看到！这种年代的金铜佛像，国内有的大博物馆甚至连一尊也没有，这岂不令人感到可悲！由此，我萌动了收藏汉传金铜佛像的想法。

十六国时期 金铜菩萨立像

高32.9cm

日本京都藤井有邻馆藏

北魏 金铜弥勒佛立像

高141cm

美国大都会艺术馆藏

我收藏过几尊汉传金铜佛像

回国前，我就开始转古玩商店，想在国外古玩店里淘到几尊汉传金铜佛像带回去，结果令人遗憾。途经香港时，我在一家古玩店里看见一尊黑漆漆的金铜佛像。凭我常年收藏古玩的直觉，认为这是一尊

古代金铜佛像。丰腴的面庞、丰满的乳房、"S"型的身姿是唐代佛像的特征，黑亮的颜色不是"传世古"，是长期供香的"香灰黑"。

老板是卖瓷器的，对金铜佛像不太懂，不知道这是一尊金铜度母像，只是把这尊金铜度母像当作普通的铜鎏金美人像卖给我。就这样，我得到第一尊金铜佛

像——唐代铜鎏金度母立像。回国后，我查阅了大量的资料，边收藏，边研究。

我收藏的金铜佛像数量不多，但件件都是精品，其中铜鎏金西方三圣飞天腾龙像、释迦牟尼背光立像、弥勒佛立像，是南北朝时期佛像的经典之作。释迦牟尼诞生立像、观音菩萨立像、十一面观音立像，是唐代金铜佛像顶级之作，堪称"民族之瑰宝"。

还有一尊青铜释迦牟尼坐像，造型古朴大气，纹饰刻画生动流畅，艺术价值很高。金铜佛像以小件的观修像和还愿像居多，如此大件，十分难得。

与此同时，我还写了一些收藏鉴定心得，如《金铜佛像收藏我之见》、《金铜佛像收藏与鉴定》、《佛缘》等文章，发表后很受欢迎。一位日本友人读了我的文章后，千里迢迢来见我。见到我收藏的西方三圣像，半腿下跪，足足看了半个小时，嘴里喃喃自语，翻译成汉语意思说："太宝贵了！太宝贵了！全世界所有博物馆都没有这尊佛像！"

一位香港企业家找到我，想出巨资购买那尊唐代观音菩萨立像，我开玩笑说："你把户口改成大陆，我就转让给您！"香港企业家听后也哈哈大笑，他明白我的意思，是怕珍宝流失到国外！

有人问我："你收藏了这么多珍贵的金铜佛像，一件也不卖，没钱买其他的佛像怎么办？"我坦率地告诉他："谁说我不卖？我不是亿万富翁！为了收藏佛像，我把汽车都卖了！作为中国收藏家很辛苦，没有企业支撑，只能'以货养货'。不过，转让金铜佛像要看转让给什么人。不能卖给外国人，这是国家法律规定，不能违背。不能卖给倒爷，这些人虽然可以

唐　金铜观音菩萨立像

出高价，说不定没过几天就把东西走私出国了。国内收藏家如果需要，也要合法转让。国家博物馆如果需要，我会义不容辞地捐赠！"

现在，我正准备将几件国宝级藏品捐献给国家，其中包括西方三圣祖像、春秋战国时期的青铜莲鹤方壶等。这虽然谈不

北齐　金铜观音像

高26.4cm

台北"故宫博物院"藏

上高风亮节，但最起码我是一个热爱祖国传统文化的人，一个热爱祖国的人。

2002年12月31日，《人民日报》用了一个整版介绍了我的藏品，还配有醒目的副标题《博大精深，艺德高尚》，这在建国五十年来是罕见的，让我感到羞愧难当——因为我做的是我应该做的事。不过，这也说明，党和国家对收藏事业的关心和支持。党和国家越关心我们，我们越要争气！收藏家的使命，不仅仅是弘扬祖国灿烂的文化，还要保护文物，为国家发现更多有价值的珍宝！

汉传金铜佛像的辨伪

仿古金铜佛像，自古就之，但作伪水平，远比不上瓷器、青铜器作伪那么发达。

我国研究佛教的专家、学者较多，鉴定金铜佛像的专家甚少，尤其是鉴定汉传金铜佛像的专家更是凤毛麟角。因此怎样鉴定汉传金铜佛像，成为收藏者更为关注的问题。

金铜佛像有出土品与传世品两种，表面特征不同，鉴定要点也不同。

出土的金铜佛像，大都是汉传佛像。

有早年出土的，行话"老坑"；有新近出土的，行话"新坑"。还有老坑出土的金铜佛像，经清理后，又传世的，许多博物馆藏品，大都属于这类。金铜佛像上的鎏金脱落部位，会发生二次氧化，表面产生呈黑色的"传世古"，又名"黑漆古"。这种黑色很自然，是人工做旧仿不出来的。

新坑出土的金铜佛像，一般很脏，清理后会发现其锈蚀层次与新出土的青铜器

南朝梁大同七年（541）张兴遵造金铜佛坐像

高16.7cm

上海博物馆藏

用古代残像拼凑成一件看似完整的佛像，并题上年代较早的发愿文，是清末民国时期古玩商常见的做法。如图所示这一件即是。主尊为释迦佛坐像，袒露前胸，体躯饱满壮硕，大衣垂于台座前方，衣纹呈立体写实状，是一尊典型的盛唐佛像。背光宽阔，上饰有七尊化佛，两侧饰二菩萨，是典型的东魏—北齐青州佛像背光的形制。背光与主尊配合不谐调，二菩萨莲座触地，说明背光与主尊是拼凑而成的。背光后面刻发愿文："大同七年二月八日佛弟子张兴遵……敬造观世音像一区"。因发愿文所刻"敬造观世音像一区"，可知发愿文为原刻，拼凑时没有改动。

相同：第一层是"黏土"。第二层是"绿锈"，绿锈紧紧地贴在地子上，很坚实，即使是用强力醋酸也洗涮不掉。伪做的假铜锈，一洗便落。第三层是"枣皮红"，枣皮红色泽也很美。第四层是"地子"。

新坑金铜佛像用醋酸清洗后，鎏金部分依然光耀照人，脱金部分如果没有绿锈和枣皮红，会露出地子，要不了多久，被自然氧化，会产生"包浆"。

一般来说，出土金铜佛像上会有四种颜色，即金色（原鎏金）、绿色（绿漆古）、红色（枣皮红）、黑色（传世古，包浆），四种色泽均很自然。如其中有一种色泽不自然，就要当心是假货。

当然，以上情况不是绝对的，共性中有个性，我们鉴定文物时不能以共性来否定个性，也不能以个性来否认共性。全国各地土质不同，"干坑"和"水坑"也不同。

还有一种金铜佛像，未入土之前供奉时间很长，香火也旺，被香烟熏成黑色，称作"香熏黑"。这种黑，与我们常见的黑漆古、传世古不一样。仔细观察，是黑中透出棕色，并有光泽，十分美观，无任何异味，呈现出高贵之气。遇到这种金铜佛像，只要把外面的黏土清除掉就可以了，不能再用醋酸、电瓶水、高强洁厕灵来清洗，否则会把这种自然古雅气韵破坏掉，令人惋惜、后悔不已！

当然，鉴定金铜佛像不能只看皮壳，还要看铜材质地、金铜佛像的形制、工艺、鎏金等等因素，进行综合分析之后才能做出正确的判断。

目前仿造的金铜佛像，以仿明清藏式金铜佛像为多见，因为明清金铜佛像式样美，市场较大，又能供奉。

汉传金铜佛像的仿品相对较少，原因是汉传金铜佛像的样式较少，制作工艺复杂，艺术水准高，鎏金成本昂贵，市场小等。另外，要将将新仿制的鎏金铜佛像做成出土品相，工艺难度较大，一般工匠难以胜任，这也是汉传金铜佛像仿品数量较少的一个重要原因。到目前为止，我还没有看到仿得比较好的汉传金铜佛像。

前些年，有人从尼泊尔贩来一批藏传金铜佛像，着实骗了一些人。目前还有人将其视作珍品。主要是人们不了解现代尼

尼泊尔新铸　金铜长寿佛像

尼泊尔是金铜佛像的传统生产地。从元代开始，其工艺和样式，对我国藏传佛像影响甚大。几百年之后，尼泊尔工匠仍用传统的工艺和佛像样式造金铜佛像，所以，这类金铜佛像具有古代金铜佛像的风貌。

泊尔工匠制作藏传金铜佛仍沿用古代造像工艺，而我国博物馆也很少介绍这方面常识，所以许多人上当了。

随着我国改革开放的步伐加快，金铜佛像的价格在国际市场不断升温，人们对金铜佛像的追捧越来越烈，必然会诱发一些不法商人和工匠对金钱的欲望，他们会想方设法制造出一些令人真假难辨的金铜佛像打入市场。这里，我要提醒一下金铜佛像收藏爱好者，购买藏品时要慎之又慎！

明代中期 金铜男相观音菩萨像

　　鉴定金铜佛像要知道佛像的造像规则和相关题材，才不会把佛像的名称认错。如图所示此尊铜佛像为蓄须、垂发，呈老者相貌，是男相观音像。男相观音像的出处见《法华经·普门品》，观音菩萨说法时，听法者若为帝王身，即现帝王身为其说法。故此蓄须男子相，是观音依受法者的根器不同而呈现的一种应化身。

明末清初 石叟款铜观音像

　　此尊铜观音像为汉传佛像中常见的圣观音像，又名白衣观音。

　　观音像的制作者署名石叟，据传是明末僧人，善制嵌银铜器，所作多为文房清供，精雅绝伦。"石叟"二字款多铸刻在器底，字体兼篆隶，朴拙无俗气。现代拍卖品甚多。

汉传金铜佛像的鉴定与收藏

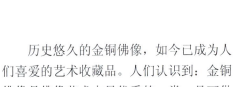

历史悠久的金铜佛像，如今已成为人们喜爱的艺术收藏品。人们认识到：金铜佛像是佛像艺术中最优秀的一类，是可供人们欣赏的艺术品，又可以供奉，是卖一件少一件不能再生的文物，因而具有保值增值的潜力，越来越受到海外收藏家的青睐，价格逐年在攀升。

但国内至今还没有充分认识到汉传金铜佛像的价值，既没有市场，也没有价格，属于被"遗忘"的藏品。国内文物市场上常出现这样的情况：一尊藏传金铜佛像出现，会有不少买者前去问价；而一尊南北朝、隋唐时期的汉传金铜佛像搁在那儿，往往无人问津。这说明许多人尚不了解汉传金铜佛像所应有的文物价值、艺术价值。国内的一些书刊，有关藏传金铜佛像的文章、图片比比皆是，某家博物馆所藏的藏传金铜佛像已不知印了多少个版本。但国内没有一本介绍汉传金铜佛像的大型画册，有的只是几本小册子。这实在令人感到遗憾！不过，从收藏角度来看，这也是件好事，有些藏品在人们还没有认识到她的价值之时，有眼力和有远见的人可以捷足先登，今后必将会获得丰厚的回报。

收到朋友送来一本新出版的有关古代铜器鉴定的书，书中收录了从各书中摘录来的我国各个时期的铜器图片，虽然图片模糊不清，却标有价格，而且是胡乱定价，竟然将陕西省文管会珍藏的隋开皇四年造的巅峰之作、无价之宝阿弥陀佛鎏金组像，定为2.8万元！又将现藏美国纽约大都会博物馆北魏太平真君年间制作的极品弥勒佛立像，定为3万元，都不如一只清代铜香炉的价格！虽然这本书的定价属于个人的意见，但于此可见，汉传金铜佛像这一祖国的瑰宝，在一些人的脑海中是多么淡薄和模糊！

金铜佛像的分类

金铜佛像是佛造像的一种主要形式，用铜铸造或打胎而成，精美者表面还要镀金，供奉在家中、宫中和佛寺之中，早期称为"金人"，此后又有"金泥铜像"、"金涂像"、"镀金像"、"度金像"等名称，民国至现代多称为"镏金像"、"鎏金像"。在艺术史上，金铜佛像已作为专门的一种艺术类型。

收藏界通常将表面鎏金、鎏银以及表面不做任何装饰处理的铜佛像，都称为金铜佛像。

目前，国内外收藏的金铜佛像分为两类：

明晚期 金铜佛坐像

此尊为释迦牟尼佛像，为
汉传佛像的经典样式。

**清代漠南蒙古 铜镀金莲师
忿怒金刚像**

首都博物馆藏

清代时漠南蒙古指今内蒙
古自治区，此地流行的藏传金
铜佛像，称为漠南蒙古风格。
此尊佛像为莲花生大师的忿怒
金刚像。造型生动，威风凛
凛，为汉传佛像所没有的。

莲花生大师忿怒金刚像，
藏名"多杰佐烈"，为宁玛派
所传法门，是莲花生八种别号
中最重要的一位。

莲花忿怒金刚像的特点
是：一头二臂三目，身棕红
色。忿怒尊之貌，獠牙微咬，
橘红色怒发上飘，眉毛、胡须
如火烧燃。右手持九股金刚杵
上举，左手执普巴橛下刺，指
尖有黑蝎子。上身披棕色锦
袍，下身着舞装褐色裙，脚穿
藏式皮靴。以海螺作耳环，外
罩金色三法衣，以舞立姿势踏
在母虎背上。

一类是元代以前的金铜佛像，一般称作"汉传佛像"或"高古佛像"。汉传佛教是因元代盛行藏传佛像而出现的分类名称。元代以前，中原内地流行的佛像都属于汉传佛像。造像题材丰富，绚丽多姿，存世少量，工艺好，有很高的历史价值、艺术价值。其中，南北朝至隋唐时期的金铜佛像最为珍贵。

另一类是元代至明清的金铜佛像，通常称为藏传金铜佛像。源于西藏吐蕃时期，是为弘扬藏传佛教而制作的佛像，在元代时传入中原地区，以国教身份在全国传播，其造像题材、造像样式、制作工艺、用途等方面与汉传金铜佛像有明显不同。

藏传金铜佛像，传世品较多，历史价值、艺术价值和经济价值也很高。价格也在逐年攀升，仍不失是一种保值、升值的收藏品。目前，我国收藏这类金铜佛像的藏家较多。

现在，国内收藏汉传金铜佛像的藏家寥若晨星，原因是此类金铜佛像传世较少，价格昂贵，令国内一些藏者望而却步。国外许多博物馆及一些藏家，收藏此类金铜佛像较多，财力起着很大的作用。旅日华侨彭凯栋先生，多年来搜集金铜佛像不遗余力，其精品之多可以与任何一个世界大博物馆媲美。财力虽然是他成功的条件之一，但知识和眼力更重要。

犍陀罗式和笈多式佛像

汉传金铜佛像，主要受犍陀罗佛像和笈多式佛像的影响，有必要了解相关情况。

（1）犍陀罗佛像
印度是佛教的故乡，最早的石雕佛像出现在古印度的犍陀罗（Gandhara）地区。犍陀罗是公元1世纪印度的一个小王国，中心地区在今巴基斯坦白沙瓦一带及毗连的阿富汗东部。19世纪末，考古在此地发现用古希腊人体雕刻方式制作的佛像遗迹，是公元1～2世纪贵霜王朝时期的佛教美术遗存，称作"犍陀罗式佛像"、"希腊印度式"或"罗马印度式"。

犍陀罗式佛像主要是石雕像，少量为铜铸像和泥塑像，都用古希腊人体雕刻方式制作的佛像，是贵霜帝国的文化遗迹。但古希腊文化因素起了很重要的作用。随着佛教的东传，犍陀罗式佛像传入我国，我国早期佛像以仿制犍陀罗式佛像为主。

犍陀罗石雕佛坐像
1-2世纪

（2）笈多式佛像

公元4世纪初，印度出现了一个由印度人建立的笈多王朝，在笈多二世（380～414年）时期，疆域包括恒河流域、中印度和旁遮普一部分。虽然笈多王朝的历代国王都信仰新兴的印度教，但对佛教持弘扬态度，出资修建佛寺和石佛像。艺人兼采犍陀罗式佛像艺术的长处，参以大乘佛教的理想，形成了一种佛像新风格，后人称为笈多佛像。

笈多王朝时期有两个艺术中心，一个是马土腊（Mathura），一个是萨尔纳特（Sarnath）。两种佛造像样式有所不同，是印度佛造像全盛时期的代表，对我国北朝佛造像产生重大影响。

马土腊佛像——马土腊（Mathura）又译作"马图拉"，旧时译为"秣菟罗"，位于印度德里城南150公里的朱木拿河流域。19世纪末，考古队在此地发现的古代印度石雕遗存，其中有贵霜王朝和笈多王朝的石雕佛像。有些佛像造型与犍陀罗佛像有所差异，以薄衣透体、衣纹细密为特征，称作"马土腊佛像"。其中有贵霜王朝时期的石佛像遗存，称作"早期马土腊佛像"或"贵霜马土腊佛像"；笈多王朝时期石佛像遗存称作"后期马土腊佛像"或"笈多马土腊佛像"。

贵霜马土腊佛像的艺术特点是：佛像身躯健壮雄伟，面相浑圆，眉长鼻梁高，口唇上翻，耳大不穿环孔，高螺旋状肉髻，具有印度人的风貌；衣服很薄，躯体突出，衣纹用凸起的圆线（弦纹）和阴刻线来表现。

笈多王朝马土腊佛像，较之犍陀罗式佛像更加印度化，其艺术特征如下：脸形

迦腻色迦王三年石雕菩萨立像

高270cm

印度贵霜王朝

印度萨尔纳特博物馆收藏

此像上有"迦腻色迦王三年比丘巴拉所造"的铭文，称为菩萨。据日本宫治昭先生考证，此石雕菩萨立像是在马土腊制作后运到萨尔纳特。

印度笈多王朝(5世纪) 马土腊赤砂岩佛陀立像

印度笈多王朝(5世纪)
高220cm

印度笈多王朝后期(7世纪) 铜镀金佛立像

笈多王朝是印度佛像的鼎盛期,佛像有马土腊式和萨尔纳特式,佛造像的工艺特点是佛像的大衣十分薄透,躯干四肢突显。马土腊式佛像的衣纹,采用装饰性的圆绳线,萨尔那特式佛像则不表现衣纹,只是浅浅地做出领口、袖口和大衣的下摆,使人感觉到大衣的存在就可以了。

为印度人脸形，眼神是冥想式，有肉髻和整齐的螺发。身躯颀长，背后的圆光硕大而精致。手指纤细圆长。张开的手指之间有缦网。两腕的左右附有垂下的衣片。菩萨像的手足上佩戴手钏、足钏。全身穿薄质衣服，衣服紧密附于身上，身体轮廓显著，衣褶几乎没有，只是在颈边和衣服的下端稍有突起。衣纹亦不如犍陀罗佛像那样深刻刚劲，极浅的衣纹作柔和流畅地分布。佛像背后均有硕大圆形背光，其上雕有精巧纤细的莲花、唐草等类纹饰。初期佛座以方座为主，后来渐渐改用莲花座。

萨尔纳特式佛像——萨尔纳特 (Sarnath) 是印度笈多王朝时期另一个雕刻中心，位于恒河跟朱木拿河合流的恒河下游。"萨尔纳特"为印度梵语音译，唐代时译作"鹿野苑"。历史上记载释迦牟尼佛首次说法(初转法轮)的"鹿野苑"，就在萨尔纳特的郊外。

萨尔纳特式佛像与马土腊（秣菟罗）式佛像造型大体相同，艺术史上将萨尔纳特式佛像归入马土腊（秣菟罗）系统。但萨尔纳特式佛像的大衣做得很薄，几乎没有衣纹（马土腊式佛像还采用装饰性的圆绳线，萨尔纳特式佛像则干脆连圆绳线也去掉了），只是浅浅地做出领口、袖口和大衣的下摆部，使人感觉到大衣的存在就可以了，所以通身就像裸体一样，躯体起伏变化明显，我国俗称裸佛。由于这种表现手法出自萨尔纳特，外国学术界称之为"萨尔纳特式衣纹"或"萨尔纳特式表现手法"；我国学者习称为"湿衣法"。

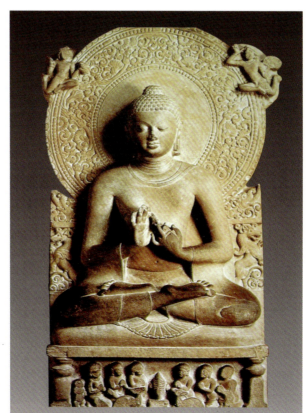

印度鹿野苑　石雕佛说法像

高35.8cm

斯瓦特出土。佛像特点：高肉髻，水波状头发，面相生动，凹目高鼻薄唇，耳轮很大，头后有头光；身穿通肩式大衣，手结禅定印，结跏趺坐于方台座上。衣纹起伏明显。

汉传金铜佛像的时代特征

我国金铜佛像制作已有两千年历史。相传，中国历史上第一尊佛像是汉永明十年（公元67年），由蔡愔奉汉明帝之命往月支国迎回来的优填王鎏金铜佛像。

（1）东汉到十六国时期金铜佛像

东汉到十六国时期，为佛教在中国的发展期。用于供养和供奉的金铜佛像逐渐兴盛，特别是在长江流域的东晋南朝，最重视金铜佛像。史载，此时既有皇家出资铸造的丈六像、半丈六像等巨制金铜佛像（但现在已荡然无存了），也有便于携带的小金铜佛像。

小金铜佛像以仿犍陀罗佛陀像为主，造型较简洁，以禅定佛为主，立佛少。菩萨像几乎不见。佛陀像大都是高肉髻，具有典型的犍陀罗风格。有些磨光肉髻，结跏趺坐，双手重叠，或施无畏印。大多佛像双目下视，表情平静，有些略带微

后赵建武四年（443）铭铜禅定佛坐像

高39.7cm
美国旧金山亚洲艺术馆藏
为目前所知署年代铜镀金佛像中年代最早者，原出土地不明。高肉髻、束发状的佛发、宽额、大眼横长，身穿通肩式大衣，衣纹为图案化的U形，等距离分布于胸前和前襟部，衣纹断面是浅阶梯形状；双手重叠于胸前作禅定印，趺坐在四方台座上。台座正面有边框，上刻云气纹。台座正面有均匀分布的三个孔。结合其他佛像分析，这位置两侧应该嵌有两头浮雕的狮子，中间部分应嵌有水瓶花叶或汉式博山炉。台座背后残留有发愿文："建武四年……"

十六国时期　金铜佛坐像

笑。服饰多为通肩式大衣，纹路深刻且流畅，给人以朴实无华之感。有的整体制作，有的采用装配式结构。这些特征后来成为我国佛教造像的基本定式。

我国现存年代最早、用于供奉的金铜佛像是十六国时期作品，大多数是小件，以仿制外来佛像为主。现藏美国旧金山亚洲艺术馆的十六国赵建武四年（338）造释迦牟尼铜像，是我国现存有纪年金铜佛像中年代最早的实例之一。但这不是说我国金铜佛像始于十六国时期。一些没有年款的金铜佛像，也许比它更早，当然，这需要专家们作进一步的考证。

（2）南北朝时期金铜佛像

南北朝时期是我国金铜佛造像的繁荣期。

南朝金铜佛像——此时佛造像开始汉化，受我国传统民族文化影响很大，刘宋时期出现了"秀骨清相"、"褒衣博带"的佛像，其后的萧梁时期，出现了"面颐丰颊"、"褒衣博带"的"张家样"佛像；北齐时出现了仿笈多式佛像的"曹家样"，以"曹衣出水"的衣纹享誉中国。

此时佛像大都结跏趺坐，或立在方形座上，背有莲瓣形、火焰形背光。南朝推崇"秀骨清像"，所铸铜像面容大都十分清秀，表现出一种清俊秀美的感觉。佛像的衣着，大都为具有汉式风格的褒衣博带式大衣，衣纹繁复飘逸，衣褶层层叠叠，显得厚重而潇洒。这时期还出现不少碑形组合造像。如著名的"西方三圣"，碑中主佛为阿弥陀佛，左、右为观音菩萨和大势至菩萨。

南朝萧梁大通二年（528）金铜佛坐像

高约7～8 cm
美国纳尔逊美术馆藏
此尊金铜佛坐像是家庭供奉的小像，台座背后刻发愿文："大通二年戊申二月朔五日清信女……"是现存为数不多的南朝金铜佛像。大通二年(528)是南朝梁国第一代皇帝萧衍所用第三个年号。

北魏太平真君四年（443）菀申家族造金铜佛像

高53.5厘米

日本私人收藏

佛像面相方圆，大耳。水波式发型。身躯健壮，穿通肩式大衣，右手为施无畏印，左手为与愿印，赤
足站于圆莲座上。莲座下有四足方座。胸腹部衣纹呈"U"形，两臂上部衣纹为燕尾式，足下为饱满的大覆
莲瓣，确为北魏风格。台座上刻发愿文，可知是菀申家族于北魏太平真君四年（443）所造。

北魏正光五年（525）新市县午猷为亡儿造金铜弥勒立像

通高79cm

美国纽约大都会艺术博物馆藏

据传此造像于1924年出土于正定郊外。主尊弥勒佛，清瘦修长，身穿褒衣博带式大衣，下裙向两侧翘起，犹如燕尾，风度飘逸，立于双层四方足方座上；四周对称配置二尊菩萨像、二尊思惟菩萨像、四尊供养菩萨像；身后有透雕火焰纹的大舟形背光，背光外缘有十一尊对称排列的飞天像。此造像具南朝佛造像的特征，是北魏孝文帝推行汉化政策之后的代表作。

东魏天平三年（536）

铜镀金乐氏造弥勒佛立像

通高61.5cm

美国宾夕法尼亚大学博物馆藏

据发愿文可知是定州曲阳县乐氏兄弟于公元536年敬造。

定州是中原地区金铜佛造像的重要产区。背光的顶端端为尖锐形，其上有细密华丽的火焰纹，显然是北魏正光时期金铜佛像风格的延续。弥勒佛面相舒张，风姿清瘦，褒衣博带、衣裙舒张有利，有北魏中晚期金铜佛造像的遗风。但佛的身躯比已经变长，头部显小，脸形虽瘦，但已出现圆的趋向，衣纹出现了厚、宽、圆的特点。

北魏金铜佛像——北魏佛像十分有名，有著名的"太和式"金铜佛像。所谓"太和式"金铜佛像，是北魏孝文帝迁洛阳，在体制上推行汉化以后制作的佛像，除常见的禅定式佛坐像外，还有说法佛坐像、释迦与多宝佛并坐和弥勒佛立像等式，形成了较稳定的造像特点。

"太和式"金铜佛像中还出现了观音菩萨的造像，这是此前少见的佛像样式。

"太和式"金铜观音菩萨像，多采用背屏式，观音像为站式，手持长茎莲蕾，造型优美，纹饰细腻，对以后的铜菩萨立像有很大影响，一直到东魏还可见到这种形式，至隋时才消失。

东魏金铜佛像——出现了新变化，佛像的身躯变长了，头部显小，削瘦的脸形已出现变圆的趋向，衣纹的刻画也呈现出厚、宽、圆的特点；虽然这种新变化尚未摆脱北魏佛像样式。在东魏晚期，佛像又出现了身形矮壮笨重，衣纹简单，衣裾两角尖长，姿势僵直，缺乏动感等缺陷，可视为雕塑工艺的衰退。

北齐金铜佛像——北齐佛像承袭北魏晚期以来工艺传统，但也有小变化，脸形逐渐变圆，表情柔和，衣纹繁复重叠却不平板程式化，佛造像的风格，趋向于自然和写实。同时，北齐佛造像也受到印度笈多时代（320～450年）萨尔纳特无衣纹佛像的影响，如北齐画家曹仲达以画薄衣佛像——"曹衣出水"而著称画史。

河北曲阳单尊石佛像，突出佛像的身躯，大衣几乎不刻划出衣纹，只是在大衣领口、袖口和裙与脚部交接处象征性地浅薄刻划出边际线。这种不重衣纹表现的手法，明显是受到萨尔纳特佛像样式的影响所致。

隋代　金铜二佛并坐像

　　释迦、多宝佛并坐像是中国工匠创造的佛造像形式，始见于北魏时期，龙门石窟的莲花、皇甫公、药方诸洞窟皆有之。典故见《妙法莲华经·见宝塔品》。释迦、多宝二佛并坐铜铸像也常见，但多是带大背光的小尺寸像。

初唐　金铜佛坐像

（3）隋唐金铜佛像

　　隋唐时期是我国金铜佛造像的辉煌期。一些精美绝伦的汉传金铜佛像顶级之作出现在此时。金铜佛像中的佛陀像，以坐像为主，菩萨像则以站像居多，有的立于莲花座上，有些是赤足落地。

　　隋代金铜佛像——因隋代立国年代较短，加之地域辽阔，在南北朝时期形成的地方佛造像风格尚未统一，所以隋代金铜佛像的总体风格特征不够突出。主流面貌仍是北齐佛像风格。但隋代金铜佛像是为南北朝艺术的终结者，已出现向唐代

盛唐　金铜佛坐像

盛唐 金铜七佛坐像

七佛是指毗婆尸佛、尸弃佛、毗舍浮佛、拘留孙佛、拘那含牟尼佛、迦叶佛和释迦牟尼佛，这种造像形式源于阿育王时代的山奇大塔，以一排七株菩提树或七座塔来表示。在印度犍陀罗佛像中始见有七佛并排站立像。我国北凉时期七佛像，便是从西域传来的犍陀罗式佛像。七佛像在北魏、辽金时期仍流行，以后少见。

成熟佛像过渡的特点。总体感觉是比南北朝时期佛像显得丰腴圆满。有些佛像头大身小，体态壮硕，脸部成长方形。菩萨像的服饰已显豪华之风，璎珞大都粗大饱满，束冠缯带低垂，帔帛下垂至足，显得飘逸秀美。

唐代早期金铜佛像——仍是隋代金铜佛像的自然延续。在造型手法和工艺特点上并不突出。

盛唐金铜佛像——唐代中期是佛像的鼎盛期。佛像这种外来的艺术形式，经过魏晋南北朝时期的消化和吸收，在盛唐时

已完全汉化，成为中国风格的佛像样式。

1973年和1984年陕西临潼先后出土了两批金铜佛像579件，其中以唐代金铜佛像数量较多，大部分是观音菩萨立像，身姿婀娜，背光有镂空式、背屏式。菩提树形的七佛像也有多件。以上佛像，均形体丰满，雕镂精巧，反映了唐代雕塑艺术的水平。

唐代佛像以胖为美，大多脸型饱满，轮廓鲜明。菩萨像大多弯眉细目，"希腊鼻"高，樱桃小口。"S"体形较多，婀娜多姿。有些上身裸露，丰乳突出，充

宋代　金铜倚坐弥勒佛坐像

辽代　金铜观音菩萨坐像

高20cm
大英博物馆藏

此尊辽代金铜观音菩萨像，造型端庄伟岸，脸型丰圆饱满，有唐代佛造像的遗风，但也有契丹人的精神风貌。头上所戴宝冠为契丹族贵族所特有的冠式。台座为束腰式大仰莲花式，莲瓣丰满，舒展自如，也是辽代金铜佛像所特有的。

分体现了女性特有的丰满圆润之美。菩萨造像多以上层社会中的美女为模特，俨然一副贵夫人气派，即所谓"菩萨如宫女，宫女如菩萨"。佛像服饰已十分华丽，整体工艺精湛，达到了前所未有的成熟与完美。这一时期的佛像一般较好认定。

晚唐与五代佛像——向世俗化写实风格发展，虽仍为盛唐风格，但技法却退步了，盛唐佛像所特有的恢宏气势消失了，呈现出拘谨、略显生硬的样子，佛像大衣的下摆也变小了，仅搭于台座边缘上。

（4）宋代金铜佛像

宋代与辽国、西夏、金国连年战争，铜资源贫乏，金铜佛像的数量较少，木雕彩绘、泥塑等佛造像兴盛。从艺术欣赏角度来看，宋代佛像具有贴近生活，高度写实的特点，大部分造像显得和蔼可亲，佛像身上那种特殊的神秘感已经荡然无存。一些造像容姿美丽，比例匀称，显得十分逼真，仿佛是以真人为模制造的。值得一提的是，为了迎合世俗化的需要，一些工匠将原本清秀的弥勒佛演变成"大肚弥勒佛"，一直流传至今，受到人们的喜爱。相传能救百姓脱离千百种苦难的千手千眼观音像，也诞生于这一时期。

辽代　金铜观音菩萨坐像

高11.7cm
日本新田氏收藏

金代　金铜大日如来坐像

（5）辽、金金铜佛像

辽代和金代的金铜造像，制作于北宋旧地，年代与宋代同时，必然受到中原文化的影响，与宋代造像大同小异。但辽代佛像注重神态的刻画，表情自然。金代佛像多丰满健壮。

（6）元明清汉传金铜佛像

从元代开始，藏传佛教得到朝廷的支持，开始在中原地区流行，藏式金铜佛像因皇家重视而成为主流佛像。汉传佛教金铜佛像开始衰落。

明朝初期，出于联络蒙古、西藏上层人物的政治需要，由宫廷御用监铸造了一批藏式金铜佛像，即经典的"永宣宫廷造金铜佛像"。明代民间信仰汉传佛教，金

明代　金铜普贤菩萨像

首都博物馆藏

明代　铜漆金地藏菩萨与二弟
子像
　　首都博物馆藏

明代　金铜关公像
　　首都博物馆藏

铜佛像不乏铸工精美之作，但大多数铸工较差。

清代朝廷信仰藏传佛教，藏式金铜佛像成为主流佛像，北方汉传佛教金铜像的制作全面衰落。南方地区金铜佛像仍是汉式，虽继续制作，但佛像的造型和表现手法却日见衰退，乏善可陈，不复振作。

鉴定汉传金铜佛像的误区

南京乃六朝古都，是三国吴、东晋、南朝以及隋唐时期的佛教中心。史载，南朝梁武帝萧衍笃信佛教，曾遣使印度模制佛像，在当时的建康（今南京）建筑众多寺院和铸造大量金铜佛像；南朝陈武帝曾有重修金陵（即建康）七百余寺的巨大工程及铸造铜佛一百二十万尊的壮举……因此，南京四周肯定会遗留一些汉传金铜佛像。遗憾的是，不少书上都赫然写着"南朝金铜佛像的作品几乎不见"，似乎跨越数百年的东吴、东晋及宋、齐、梁、陈，没有造过金铜佛像。

在现实中，只要一见到高古佛就将其推到北魏，仿佛南朝的金铜佛像全是从北魏"进口"的。一些人在鉴定文物时，往往会犯窥一斑而见全豹的错误。"标形学"虽然给鉴定工作带来了一些便利，但也会给我们带来误导。一些没有"标形"进行参照的作品往往会被断为假货，至少会戴上个"有争议"的帽子。因此，我认为对"标形学"应该重视，但不能迷信。

汉传佛教造像历史悠长，造型千姿百态，谁也不能将其说得清清楚楚。只有本着科学的态度，认真探索研究，全方位了解，才能得出较为正确的结论。

笔者不是什么专家，只是与佛有"缘"，偶得几尊汉传金铜佛像，就被这些佛像造型精美的艺术魅力吸引，产生了浓厚的兴趣。好在笔者学过几天青铜器鉴赏，触类旁通，开始了漫长的潜心研究……

汉传金铜佛像由于历史久远，绝大部分是出土物。有早年出土的，有近年出土的。出土青铜器有老坑、新坑之分，这里完全可以袭用。至于这些金铜佛像每个时代的造型特征和风貌，前面已大概阐述。

明代　铜寒山大士

银川出土

因为这类金铜佛像存世极少，国内外博物馆只有为数不多的珍藏品，私家的藏品又不愿意外露或没有机会展出，这些作品并不能涵盖一个时期或某个地域的全貌。这里，笔者只能根据所了解的国内外馆藏品、私人藏品和新近出土的藏品综合起来作一个大概的叙述，仅供读者参考而已。

汉传金铜佛像的鉴定

掌握某个时代金铜佛像的工艺特征，需要进行长期的学习、考察、验证。了解汉传金铜佛像的真真假假，还必须亲手实践，有些知识不是从书本中和博物馆中可以得到的。以下笔者就汉传金铜佛像鉴定浅谈一点实践中得到的体会，供读者参考。

据笔者观察，海内外一些博物馆所藏的汉传金铜佛像，大都是早年在中国出土后流传到国外的。这些藏品出土后经清理，有脱金现象，部分已形成"传世古"，年代越久者，颜色越黑，并有光泽。其中有些年代不够长，"传世古"尚未形成，呈紫褐色。此类金铜佛像有两种色泽，一是金色，二是黑色或褐色。有些略带绿锈，锈斑碧绿坚硬牢固。金色柔和，具有宝光。

新出土的金铜佛像大都很脏。因为金铜佛像一般不作为明器深埋墓中，大体是因毁庙、战乱、灾难、窖藏等原因遗落土壤浅层中或某些角落。浅层土壤的成分比深层土壤复杂，加上金铜佛像入土前不少是被供奉过，新旧不一，因此出土后色泽十分复杂。表面的黏土一般比较坚硬，有点像"钙片"，清掉"钙片"后，脱金部分会出现坚硬美丽的绿锈，锈色下是枣皮

明洪武二十九年佛坐像

明正德　铜普贤菩萨坐像
首都博物馆藏

红，枣皮红下面是地子。地子大部分是青铜和紫铜，铜质较软，少见黄铜。有些没有枣皮红，绿锈下便是地子。

刚清理出来的金铜佛像就像刚出生的孩子，不太好看，极容易被人作假的，其原因是没有传世古的"旧气"。但用不了几年，脱金部分就会由褐转黑，呈现金色、传世古色、绿漆古色的自然搭配，就有"旧气"。鎏金部分有些会呈现红褐色斑。内壁大部分有黏土，呈颗粒状，黏土下也有自然绿锈和枣皮红或褐色地子。

伪品的黏土大都是刷抹上去的，土下面是做的假锈，锈下面是黑色地子，黑色是熏或染上去的，极不自然，有死气。假锈用火烧便落，不落也有异味，很不自然。

另外，还有一种金铜佛像，由于供奉时间较长，形成黑色的"香熏黑"，这种黑与传世古不一样，黑中闪棕色，无味并有光泽，很高贵。由于这种"香熏黑"是经过长时间香烟缭绕慢慢熏上去的，非常牢固，即使入土后也不会被腐蚀。遇到

这样的金铜佛像，只将黏土清洗便可。目前，也有这类的伪作，黑色是涂上去的，死气，没有光泽，做旧痕迹重，明眼人看便知是假。

当然，鉴定金铜佛像不能只看皮壳，还要看质地、形制、工艺，综合分析后做出判断。另外，金铜佛像一般不像青铜器那样会大规模地埋藏于墓葬、窖藏，可以进行有组织的考古挖掘，而是零星遗落在广袤的田野村落中。有的入土上千年，有的入土几十年，有的没有入土，而是遗落在阴暗潮湿的角落里。有的入土前品相较好，有的入土前品相较差，大都是偶尔被发现。许多是孤品，没有"标形"，有官造的、有民制的、有批量生产的、也有只造一两尊的。因此，时间、地点、出土情况和背景十分复杂，没有辅助物进行参考，给鉴定工作带来一定困难，不认真研究较难鉴定。北京某拍卖公司准备推出一尊南北朝金铜佛像精品，因为是孤品，不少人没见过，有"香熏黑"，结果被戴了个"有争议"的帽子。

出土金铜佛像与青铜器有许多相同的特征，因而可以参照青铜器的一些特征来鉴定，主要是皮壳，如黏土、锈色、铭文以及生坑、熟坑、水坑、发坑、赃坑等等。虽然金铜佛像属铜器作品，但也有许多与青铜器不同的特征，因此鉴定青铜器的专家一定要研究金铜佛像，鉴定金铜佛像的专家也一定要有鉴定青铜器的经验。真品金铜佛像与真品青铜器一样，纹饰清晰、流畅、洒脱，伪品纹饰浅薄、模糊、做作；真品铜质较软，假品铜质坚硬，拿在手中不柔和。

伪作 铜鎏金太平真君五年三佛立像

汉传金铜佛像仿品的作伪手段

目前，仿造金铜佛像的人很多。笔者曾多次深入一些仿制地点进行"暗访"，他们大多仿造传世藏传金铜佛像，仿造汉传金铜佛像的不太多。原因是汉传金铜佛像样品少，艺术性强，制作工艺复杂，且市场小，鎏金成本也高，不合算。仅鎏金技术一项，就足以使他们望而却步。

古代鎏金采用"水银蒸发法"，工艺复杂，效果难以模仿，目前基本失传。现代仿品大多采用电镀金、刷金水、贴金箔，色泽不是那么好看。有的根本不是金，并有"贼光"，即使做旧，痕迹也较严重。

到目前为止，笔者尚未见到可以乱真的金铜佛像仿品。一般金铜佛像仿品，因没有原物可参照，只能是按图片进行仿制，形、技、色、神均与真品金铜佛像相差甚远。还有些仿品金铜佛像是臆造出来的，造型不伦不类，不值一提。另外，若想把鎏金佛像做成出土物，技术上也难做到。

在海内外博物馆和私家收藏品中，还有一些古代仿品，这类仿品有好有差。猛一看，颇有旧气；仔细看，缺少"灵气"。古代仿制者的目的有二：一是崇尚古人，被古人高强的技艺和艺术魅力所吸引，仿作几尊以作珍藏；二是以赢利为目的，骗取钱财。前者无可厚非，后者不宜提倡。从文物角度来讲，这些作品毕竟有一定的年代，有一定的收藏价值。尤其是仿得好的佛像，也较珍贵。至于我国金铜佛像仿制从何年何月开始，至今仍是一个未解之谜，有待专家学者继续研究。

清末至民国，一些古玩商仿制了不少北朝、隋唐时期的金铜佛像，目的很明显，赚钱！现在这些仿品有的甚至堂而皇之地搁在海外一些大博物馆的橱窗里。这时期的作品笔者看过一些，大都是小件，水平较低。真正的古代汉传金铜佛像制作技艺高绝，心无旁念，每创作一件艺术品都独具匠心，认认真真，特别对佛教造像更是一丝不苟；作伪者急功近利，以赢利为目的，成批量生产，自然出不了好产品。偶见一些工艺水平较高的仿品，其精神、韵味、古意也做出不来，理性过关了，感性过不了。因为他们缺乏高超的艺术修养。当然，古人的某些作品也并不是十全十美，有些民间作品也很粗糙，分量也很重，我们在鉴定时不能认定这些作品就是假货，要全面分析。

汉传金铜佛像的价值

近两年来，海外艺术市场上，我国汉传金铜佛像的价格逐年飙升。

2002年香港佳士得推出一尊较普通的26.4厘米的北魏铜鎏金观音菩萨立像，估价90万港币，结果多人竞拍，成交价为147.5万港元；另一件唐代铜鎏金释迦牟尼佛图铜片，尺寸只有19.2厘米见方，估价5万～6万港元，结果以103.5万港元成交，超过估价几十倍。一尊54厘米高的隋唐时期的度母立像，卖到29.9万美金。宋以前的精品金铜佛像，大都在百万元以上。

市场和拍卖会上常见明清佛像，品相尚好，制作精美，尤其是一些可以供奉、造型正宗、大气的佛像是买家拍卖竞买的目标。

明永乐 铜鎏金金刚萨埵

高24cm

莲座上镌刻"大明永乐年施"款。中国嘉德2004年11月6日拍卖会，以人民币110万元成交。

2002年，北京翰海推出一件明代铜鎏金释迦牟尼坐像，高62厘米，造型大气、规正，制作精美，但品相稍差，估价为80万元～100万元，结果以126.5万元成交。此佛如在市场上交易，估计在60万～80万元，几年前也就是20万～30万元。因此说佛像的收藏有增值前途，交易空间也大，价格尚难定位。

目前，庙宇供奉的佛像，做工粗糙者，尚要几千元一尊。

古佛像制作精品，卖一件少一件，不可再生，因此笔者认为是"钱途无量"的藏品之一。

佛像收藏之我见

佛教艺术在世界艺术史上占有极为重

明代永乐　宫廷造金铜佛像

高72.5 cm

　　2006年10月7日香港苏富比秋季拍卖会，推出14件明永宣宫廷造金铜佛像，均为英国古董商斯比尔曼（Speelman）的藏品。成交13件，总成交额高达3.4238亿港元，有五尊金铜佛像刷新了世界范围内中国金铜佛像的成交纪录。这尊铜镀金释迦牟尼坐像被厦门心和拍卖有限公司以1.166亿港元的价格拍得，加上佣金，这尊佛像的成交价高达1.23596亿港元，成为目前世界上最贵的金铜佛像。

要的位置，是世界艺术宝库中一颗璀璨的明珠。由于蕴含人们的宗教观念，同时也是当时社会、经济、政治、文化的反映，具有很高的文物价值、历史价值和艺术价值。尤其是佛像具有神圣性，海内外人士对佛教艺术虔诚的信奉，因此能反映佛教艺术精神的造像便成为世界艺术市场的宠儿，交易价格连创新高。一些精美的佛像一旦出现在拍卖会上，必然引起多位收藏家激烈竞争，有时价格高得离奇，令观看者目瞪口呆。

除了上述原因外，另一个重要原因是一些佛像，尤其是金铜佛像制作精美，绚丽的纹饰、优美的造型、慈祥的面容和宝光四射的艺术魅力，在给人们艺术享受的同时，还能"抚慰人的心灵"，这是其他艺术品所不能代替的。

正因如此，国内一些作伪者试图仿造、臆造一批汉传金铜佛像精品，打入海外市场。一些利欲熏心的藏者也铤而走险，将自己的藏品卖给外国人，以牟取暴利。这都是道义和法律不允许的。

据笔者了解，海外文物市场的汉传金铜佛像，一部分货源来自欧洲，大都是早年流失到国外的；一部分来自内地，是新近出土的。购买者大都是我国香港、台湾及日本、韩国、东南亚的藏家和一些海外博物馆。

高古佛像是指元代之前的汉传佛像，历史价值高、艺术性强、文化内涵丰富，而且制作水平极高，很难仿制。佛像质地有金、铜、石、玉、木、陶、瓷等多种，其中金铜佛最受欢迎。我国佛教经两汉传入后，历经风雨。尤其是隋朝之前，曾经过几次毁佛灭法运动，许多佛像被摧毁，高古佛像已十分少见。

清乾隆　金铜速勇佛母像

高19 cm

北京翰海2004年1月12日拍卖，以人民币3.96万元成交。此像为乾隆宫廷造像，莲座下部刻"速勇佛母"款。

元明清佛像，多为藏传佛像，我们时常能见到。因此，一些藏家为自己能收藏几尊精美的高古佛像而感到自豪。

美国、英国、法国、意大利、日本以及港、澳、台地区和东南亚的一些私人收藏家都收藏我国汉传金铜佛像。如美国旧金山亚洲艺术馆收藏的后赵建武四年（338）铭铜禅定佛坐像，是一尊有纪年的金铜佛像，是我国十六国时期金铜佛像的代表。美国波士顿博物馆所藏阿弥陀佛金铜佛组像，是我国隋唐时期金铜佛像的顶级之作，其华丽程度无与伦比，该像曾藏日本，后又被美国人高价购得。

我国收藏汉传金铜佛像的博物馆不多，以上海、北京、天津、河北、河南、陕西等博物馆为代表。故宫博物院收藏汉传金佛像稍多。上海博物馆征集了一批汉传金铜佛像精品，在国内首屈一指。

北京首都博物馆收藏的金铜佛像也很多，设有长年专展，但以藏传佛金铜佛像居多，每尊金铜佛像都很精彩。

汉传金铜佛像研究亟待加强

汉传金铜佛像是中国人智慧和技艺的结晶，以其绚丽多姿的造型和神韵折射出各个历史时期的精神风貌，有极高的历史价值、考古价值和艺术价值，现在已引起人们的重视。

我国研究佛教的专家、学者不少，但研究汉传佛教造像的专家可谓寥若晨星。北京某公司的老总曾对我说，前些年他参加过一次石佛雕展，准备收藏几尊，费了很大力气，找了几位发过文章写过书的专家，但他们把假的看成真的，使公司蒙受了巨大的经济损失！

中央电视台艺术品投资编导准备拍一集反映汉传金铜佛像的片子，想找两名专家，与我商量半天，也不知找谁最合适。最后我被逼上梁山，只得勉强上阵，在《艺林漫谈》中粗略谈了些有关汉传金铜佛像的常识，算作抛砖引玉之谈。谁知节目播出后，来信、来电的观

明永乐　铜鎏金药师佛坐像

高27.3cm

明永乐宫廷造，有"大明永乐年施"款。参加过佳士得文物拍卖，于2002年以港币227.4万元成交。

众真不少，问题也是五花八门。遗憾的是笔者才疏学浅，只能简单回答几句，生怕言多有失。

真专家寥若晨星，收藏汉传金铜佛像的藏家更是凤毛麟角。

青铜器鉴定的特点

　　所有古玩，均以原件为珍贵。凡是仿制品，就等同于伪制品。

　　不过，青铜器是个例外。青铜器的仿制精品，价值可与真器相当。但若是造假而获利，不论制作得如何精美，也不被世人所看重。因为造假与仿制不同，仿制的意义在于尊古，造假的目的在于欺世，所以仿制值得被人称道，而伪制是应该被鄙视的。

　　历代制作的青铜器大都仿制前朝。商

商晚期　青铜乳钉纹罍

高37.5cm　口径31.8cm
台北"故宫博物院"藏
　　罍(音"雷")是大型贮酒器或盛水器，基本形制为：敛口，宽肩，肩上有两耳，正面腹下有环鼻（可系绳提起，便于倒酒用），圈足。商代晚期始有，春秋中期流行，战国逐渐绝迹。罍有圆形体、方形体两种，有少数为圆器方作，或有形状似屋顶的盖。

西周早期 青铜兽面纹甗

高44cm 口径27.6cm

台北"故宫博物院"藏

甗(音"演")为下鬲上甑的合体器,下置水,中间置算(通气铜片)相隔,算上蒸食,有圆体、方体两类。始于商代早期,流行于商晚期至西周早期。在西周末期至春秋初期,甗成为殉葬青铜礼器中必有之器,与鼎、簋、豆、壶、盘、匜(或盉)组成一套随葬礼器。西周早中期的青铜甗为合铸圆体式,腹比商代甗浅,附耳,侈口,弧形裆,圆柱形足。西周晚期出现圆体分铸甗和方体甗。西周甗有六种基本式样。

朝仿制夏朝,周朝仿制商朝,数千年来历代顺次仿造。除少数属于独创的新产品外,其余大都是仿制器。

但这种仿制,是吸取前朝的优点,结合本朝之长处,融会贯通后制成的。式样师法先朝,而款识却是本代,好像是仿制品但实际并不是仿制品。各代青铜器都是这样制造的,所以都不列为仿制品之列。

纯粹的仿制,是仿照古代青铜器的样式,假托古代青铜器之名,冒充古代之青铜器,这才是真正的仿制。历来仿制品都很多,但精品却很少,现仅将仿制较为成功的略述如下:

唐天宝时期至南唐后主时期的两百余年时间里,官府在句容县设置有官场,专门从事仿铸古代各种古代青铜器,只是仍然在仿制器物上自标记识,大多刻有监官花押。这种仿制品体态轻盈,花纹细致,小巧玲珑。也有略微带些青绿色或朱砂斑的,只是都不能完全达到古代青铜器那种莹润的地步。

青铜器仿制品制造得较多的,要以宋宣和年间为最多。宋徽宗嗜古成癖,对古代名器都要仿制,其中,以仿制古青铜器数量最多,成就最高,凡三代著名青铜器无不仿制。现在我们所见到的商周青铜器,许多都是宣和时期的仿制品。

宋代除了宣和时期仿制古器外,后来又在台州设厂,专门仿造古代各种青铜器,只是大多都是小云雷纹花的式样。

元代时期,杭州的姜娘子、平江路王吉都是仿古青铜器的名家,只是青铜器上的花纹仿得有些粗糙,与三代青铜器相差甚远,但姜娘子所仿,比王吉所仿要好些。

明朝宣德年间,仿制古代青铜器最为精妙,所仿制的多是商周朝的铜器。此时炼铜技术精湛,仿制手法绝妙,因此仿制品以宣德年间制造的为最佳。

清乾隆时期仿制古青铜器也很多,但大多注重款式而做工不够精细,因而无法与前代的相媲美。

几件青铜器鉴定记

青铜器鉴定的难度，绝不亚于陶瓷器。本人琢磨了许多年，至今还是雾里看花。原因很简单，青铜器铸造的年代过于古远，大约有三四千年。每个时期的器型、纹饰都不一样，器型有鼎、簋、爵、尊、卣、觥等，纹饰有饕餮纹、蟠螭纹、燕尾纹、云雷纹、锯齿纹等。铜材的合金配比不同，铸造工艺也在变，有陶范法、失蜡法、翻砂法。

单是这些复杂的器型、纹饰和描绘文字，就能把你搞得头晕眼花。这倒还不是最难，最难的是一代仿一代的名称甚多，什么春秋仿、战国仿、秦汉仿、唐宋仿、明清仿、民国仿、现代仿，就差五胡十六国、魏晋南北朝仿的史料了。目前没有史料，也不表示没有仿过。青铜器鉴定，涉及的方方面面，实在是太复杂了！

明清仿、民国仿、现在仿的青铜器还好鉴定，毕竟时间较短，唐宋之前的仿品很难鉴定，加上国家文物法将青铜器交易划为"禁区"，或"敏感文物"，没有一个公开的、透明的平台供大家交流切磋，导致目前海内外博物馆和私人藏家的手中有不少尚未定论的青铜器，搁在库房里睡大觉，这不能不说是我国优秀历史文化遗产的一种遗憾。有人开玩笑地说："现在不少文物，是从木头棺材里移到了水泥棺材里！"

有些博物馆藏青铜器达几十万件，甚至上百万件，还天天说藏品少，动辄上百万、甚至上千万元到海外去购买，购买回来后迎接它们的还是"铁将军"。

笔者近日有幸受南方几位藏家之邀，去看了一下他们收藏的青铜器。

这几位藏家收藏的青铜器都是合法得来的，有的来自祖传，有的来自交流，有的来自海外，有的来自公开的文物市场，没有一件与"盗墓"有关。也并非像有些人认为的那样："青铜器藏家的藏品，大都是来路不正！"

这几位藏家的藏品，有商代的尊、西周的壶、春秋的鼎、战国的剑。单个鉴定，这些藏品的器型、纹饰、皮壳、工艺都符合条件。看多了，笔者惊奇发现，有几位藏家的几件藏品，器底铭文是一种未见过的字体风格。

为此，我请教文字专家。专家认为，此种风格的篆书较少见，有些字从未出现过，疑为春秋列国文字，有向战国文字过渡的态势。

我认为：由于这种字体铭文的藏品，有商代的、西周的，也有春秋的。于是就想到一个问题，一个书法家能活一千年吗？或许仅凭这一点，就可以断定这几件

藏品是仿品。想是可以这样想，但结论却不能这样轻易下。究竟是什么年代的仿品，笔者调动大脑中的资料信息库开始分析、推理、判断。

第一种可能——现代仿

笔者见过众多现代仿品，陕西、山东、河南、山西、江苏、安徽这些青铜器仿制的"重灾区"，笔者都去过，他们仿制的"熟坑"、"新坑"青铜器，笔者基本都见过，能蒙混过关的不多。制作工艺大都采用失蜡法和翻砂法整器铸造，很少采用陶范法。青铜器重器、常见青铜器礼器、造型复杂的容器较少，食用器较多。上乘之作，做旧采用传统工艺，下等之作，做旧采用速成的化学手段。铜质也不对，不是泛黄就是泛白。"绿漆古"、"黑漆古"的特征都不自然，仔细辨认就会发现破绽。

这几件藏器，大体上属于青铜器礼器中的重器，采用陶范法铸造，铸焊交织，带铭文的底部是另铸后接上去的，工艺十分复杂。范线、垫片、铸痕，该有的都有。"绿漆古"色泽自然，做到了"层林尽染"。铜质为青铜，也就是铜和锡的合金。总之，很难使人与现代仿品联系在一起。如果当今确实有少数厂家能仿造出如此高水平的青铜器，那么这将是对我们这些青铜器收藏爱好者一个响亮的警告！

第二种可能——清末民国仿

清末民国时期，是我国文物仿制的第三高峰期，原因是鸦片战争后，八国联军大肆掠夺我国文物，一些外国人对我国文物大肆收购，刺激了仿古青铜器的发展。清末民国仿古青铜器，大都出自北京、苏州、潍县、西安等地，器型也是五花八门。因清末民国仿古青铜器较多见，一般好鉴定。

"生坑"、"熟坑"均有，铜质比较细腻，铸工均精良，但缺乏商周青铜器的弘大之气。大部分采用分铸法，就是将器物各个部分先铸好后再焊接组装，没有铸痕，没有垫片，却有焊痕和修补痕迹。修补痕迹不像垫片那样有规律的分布，而是用焊锡哪里凹就往哪里补。若把浮锈去掉，即可看到修补痕迹。

春秋　青铜蟠虺纹镈钟

高58.5cm　口径37cm

台北"故宫博物院"藏

镈（音"搏"）钟是顶上有扁环或兽形纽的平口钟，正悬而击之，为大型单件打击乐器。春秋战国时期，贵族们在宴飨、祭祀时，镈钟与编钟编磬相和使用，属于礼器。常见青铜乐器还有编钟、钲、铙、鼓、铃、铎等。

春秋　青铜莲鹤方壶

高116cm　口长30.5cm　口宽24.9cm

　　1923年河南新郑李家楼郑公大墓出土，一件藏于故宫博物院青铜馆，另一件藏于河南博物院。方壶装饰最为精彩的部分是盖顶仰起的双层莲瓣和伫立于莲芯之上展翅欲飞的立鹤。展示出清新自由、生动活泼的意境，标志着中国装饰工艺的新开端。

商晚期　青铜兽面纹方鼎

高45.2cm　口径43.5cm

台北"故宫博物院"藏

　　鼎为煮肉之用的"烹饪器",三足两耳。从夏代晚期至两汉,鼎是用来"明尊卑、分上下"的礼器。商代有圆鼎、鬲鼎(分裆鼎)、扁足鼎、方鼎四大类,每类有多种式样。方鼎出现于商晚期,有六种基本式样,一般偶数使用,单个方鼎多为失散之器。商前期方鼎为方形槽,壁薄,立耳外侧作槽形,兽面纹以单线为主。商后期方鼎为长方形槽,壁薄,纹饰由多层细线组成。

第三种可能——明清仿

明清仿品与清末民国仿品大同小异，这里不再赘言。

第四种可能——宋元仿

宋代是我国文物仿制的第一个高峰期，受皇宫复古之风的影响，青铜器收藏和仿制也是大规模的。

宋代仿古青铜器分两大类：一类是宫廷仿品，一类是民间仿品。

宋代宫廷仿古青铜器，属于宫廷礼仪陈设品，大部分用于皇家祭祀礼仪活动。有些仿器上明明白白地写着某年制作及用途。仅徽宗皇帝收集的仿古青铜器多达二万余件。与为赢利的民间仿品不同，是出于对商周文化的推崇。

民间仿品，一般作为古青铜器买卖，有的也用作礼器和祭器，陈设在大堂和寺庙中。

宋代仿古青铜器大多用失蜡法铸造。绿锈是用铜绿（碳酸铜）加漆涂于器壁，然后将孔雀石疙瘩嵌在漆上，以冒充古绿铜锈，有经验的鉴定家能分辨出。因为做锈的青铜器，铜锈不自然，没有层次。

另一特点是宋代仿古青铜器有不少没有入过土，器物腐蚀程度低，质感较商周青铜器要差。即使是宋代仿古青铜器入土后至几百年后的今天，也形成不了这几件藏品的皮壳。

至于这几件青铜器，那种庄重的艺术效果，是宋代作品不及的。宋代青铜器一般采用失蜡法铸造，民间铸造的实用铜器，一般无铸痕（范线），也无垫片，而仿古器一般连范线、垫片都仿出，但范线较粗，不大自然。

元代青铜器大都出自官办的"出蜡局"，有的整组仿制，多用作为祭器。一般都铸有元代本朝年款，字楷书，数量不多，铸造工艺与宋代基本一致，但工艺水平比宋代稍一差。许多青铜器红铜质，砂眼多，有形无神，铸工粗糙，与这几件藏品相差甚远。

第五种可能——汉唐仿

汉唐青铜器只是偶有发现，虽不乏史料记载，但实物稀少，未形成研究气候。

汉代青铜器以实用器为主，大件较少，纹饰也没有商周青铜器那么繁复，以平素为主。此时青铜器已走下坡路，不可能再大量地仿制商周青铜器。只是偶尔仿制，玩玩而已。

唐代是一个百花齐放的时代，从唐天宝年至五代南唐的两百年间，朝廷曾在江苏苏南句容县设置官场作坊，专门从事古铜器的仿制。所仿青铜器，比较细腻，闪银灰色，多为熟坑，但这只是被部分学者认可的个案，并不能说明唐代仿器全是如此。几百年的仿制历史，风格特征不可能一成不变，只能作为参考。因为这几件藏器出自苏、浙、沪长江下游一带，有人认为会不会是唐代的仿品？因为谁也没有见过这个作坊仿制的青铜器是什么模样，合理推断也无可厚非。但据史料记载，当时朝廷并不重视青铜器，而是重视金银品和佛像，因而不会动用这么多的人力、物力去仿制大批商周青铜器。据此理由来看，这一论点是很难站住脚的。除非有一天突

然发现有一件打着款并且制作工艺与这几件藏品中某件一模一样的"标型",这种合理但又不能下定论的推断才能被接受。所以说我国文物还有不少不解之谜,有待我们进一步去探索发现。

我国文物鉴定是以"标型学"为基础的,一些没有"标型"的好东西往往会被视作"稻草"。事实上收藏界时常会发生类似事件。笔者在央视《鉴宝》中鉴定的一个战国后期龙头壶,就是这类事件的典型例子。此壶因没有"标型",曾被专家枪毙,笔者据理力争,最后上仪器测试,方才"九死一生"。因此说"标型学"不能迷信,只能作为参考。

第六种可能——春秋战国仿

上述各时代仿品的特征,已扼要向读者作了介绍。由于篇幅有限,不能写透,只能蜻蜓点水。事到如今,只剩下一个可能,这几件藏品会不会是春秋战国时期的仿品?

有关资料记载,春秋前期一百多年的青铜文化,是西周青铜文化的延续,青铜器不少是仿西周,既然春秋所仿青铜器与西周青铜器相同,按理应全部称作仿品。至于哪些青铜器是春秋仿的,恐怕也很难说清楚,因为那时的人文风尚和自然条件十分接近,制作工艺也是同样的。

春秋战国青铜器一般分为三类:一类是仿西周的,一类是在西周形制上加以改进,一类是具有各诸侯国自己的特色。

现代海内外博物馆中应有春秋,甚至战国时期的仿品,被当做商周青铜器摆在高大的玻璃柜里。如果仔细分辨,也许

会看出问题。因为西周青铜器大多是王者用器,春秋战国青铜器均为诸侯国用器。各诸侯国所处地域不同,有的喝黄河水,有的饮长江水,生活环境也不同,工艺水平有高有低,所生产的青铜器自然有的精致,有的粗糙,但又与天子所用之器有所差距。

还有一些小诸侯国民间之器,品质一般,远不如大国和官造的好,这好比陶瓷的官窑和民窑一样。因此我们在区别商周原器和春秋仿品时要十分仔细。即使在日常鉴定中也不要将那些分量偏重或偏轻、粗糙的、工艺水平不高的,全部视为赝品。同时也要知道,同一样东西放在不同

西周中期 青铜服方尊

高22.6cm 口径19.7cm
台北"故宫博物院"藏
西周方鼎多沿用商代式样,至西周中期,有十一种基本式样。

的地方，变化也不同。黄河流域的青铜器与长江流域的青铜器，受腐蚀程度和皮壳就不一样，浸在河里的青铜器与埋在山坡上的青铜器也有所不同，不能用北方出土青铜器的"标型"，去对照南方出土的青铜器。

我的鉴定结论

综观这几件藏品，无论从形制、纹饰、皮壳、工艺、气息等诸方面看，虽然与原件有一点的距离，但仍不愧是我国古代青铜器的上乘之作，有很高的艺术价值和考古价值。这如同瓷器一样，康熙仿成化斗彩杯，照样很值钱。

如果不是笔者偶然发现铭文有问题，或许会将其定为商周之器。

因此，作为一个鉴定家一定要多学、多跑、多看，头脑中储有丰富的信息，博闻强识，纵观全局，善于探索和发现，才能尽量避免失误。我曾说过，世界上没有一个鉴定家没有走过眼，只是多少而已，"走眼"也许会伴随一生，因为作假者一天天也高明起来，有些仿品是在"专家"的指导下进行仿制的。"专家"对"专家"，就看谁更高一筹。

至于这几件青铜器到底是不是春秋时期仿品，笔者不敢妄下定论，只能做出分析和推理。因为自金石学诞生以来，尤其是青铜器研究方面，多位专家学者提过"青铜器仿制始于春秋"，《韩非子·说林》中有记载，但没有拿出证据，也没有人做过专题研究，使这一问题变成了一个扑朔迷离的谜团。笔者不是偶遇，也想不到这一问题。这里只想作为一个信息提供给广大读者。大家共同努力，拨开这一迷雾。

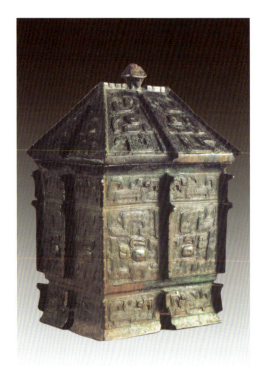

商晚期 青铜亚丑方罍
高22.2cm 底长13.7cm 底宽10.6cm
台北"故宫博物院"藏
方罍是盛酒器，高方身，有似屋顶的大盖，顶部有纽，器身上多扉棱，因腹有宽窄和曲直不同形成九种式样。宋人因"罍尊"是青铜礼器的共名，便定名方罍。方罍成对出土于大墓，器身满饰多种纹样，造型华丽典雅。方罍流行于商代和西周中期，以后少见。

五大名窑瓷何其多

收藏界一般把宋代及宋代以前瓷器统称为"老窑瓷"或"高古瓷",但重点是宋瓷,即哥窑、官窑、汝窑、定窑、钧窑瓷,简称"五大名窑瓷"。

目前,宋官窑仅找到南宋官窑窑址,哥窑窑址面貌尚不清楚,五大名窑目前只有三个半是有实据的,哥窑是否存在,还是一个未解开的谜。

宋代五大名窑瓷之所以有名,在于宋瓷开创了瓷釉艺术审美的新风尚。唐代瓷器,仅做到了"仿玉类银",还停留在实用品的层次上。宋代理学盛行,人们追求朴质无华的美学境界,喜欢平淡自然的情趣韵味,反对矫揉造作和堆砌的装饰。而宋瓷杰出的工艺成就,恰恰是为我国陶瓷美学开辟了一个新境界,从此瓷器进入艺术品的行列。宋代瓷器的刻划花、釉开片,以及汁水莹润如堆脂,都成为后代瓷业长期追仿的榜样。

明清和民国时期,宋瓷是收藏热点,一只宋代青白瓷刻花碗价值可以抵十数只明清官窑瓷器,当时只有少数达官贵人和外国人才玩得起。新中国成立后,老窑瓷属于文物,禁止民间交易。在这样的背景下,出现了明清瓷器的价位竟高于宋代五大名窑瓷的反常现象。2003年一只南宋龙泉窑粉青菊瓣碗,售价仅万元。一只南宋龙泉窑粉青鬲式炉,价格在2万~4万元。而2003年香港苏富比拍卖行拍卖一只南宋龙泉窑粉青鬲式炉,成交价约为港币340万元,说明国内政策对"五大名窑瓷"的价格有很大影响。

近几年来,中国大地上突然冒出大量的五大名窑精品瓷,堂而皇之地刊登在一些拍卖公司的图录上,有的拍卖公司竟然征集到数百件!人们震惊了,收藏界茫然了,鉴定界怔住了,文物主管部门惶恐了。

文物政策刚刚有些松动,民间突然冒出这么多的五大名窑瓷器,难道宋代哥窑、官窑、汝窑、定窑、钧窑瓷器真的不稀罕了?难道民间真的存有如此大量的五大名窑瓷器?如此发展下去,曾使中国人感到自豪的"国宝",岂不是成了"稻草"?

民间有没有宋代五大名窑瓷器?回答是肯定的——有!会不会有这么多?回答是也肯定的——没有这么多!

多年以来,不少民间收藏家经过艰苦的寻觅,确实收集了一些五大名窑精品瓷。由于文物政策的原因,这些精品瓷只能搁在家中,自己欣赏,秘不示人。

现在文物政策松动了,他们将自己的藏品拿出来,走入市场,这无可厚非。但

宋代汝窑　三足盘

高 3.6 cm　直径18.3 cm

故宫博物院藏

此盘为直口，平底，下有三足。满施青釉，开细碎纹片。清代时为朝廷所得，底部刻有乾隆皇帝的御制诗。

一些不法之徒也借机而动，拿着仿品进入艺术品市场，因个别专家贪利忘义，或许真是眼力差，总之是为仿品开具了真品的证书，造成了五大名窑瓷满天飞的局面。

这与20世纪80年代曾经发生过的"官窑风波"十分相似。

当时，市场上出现许多件明清官窑器，许多人争先恐后购买，结果越买数量越多。人们纳闷了，市场上哪里会有这么多件明清官窑器？到景德镇一看，原来全部是新仿的，人们全都愣住了！现在不少人还"珍藏"着那时买到的所谓的"明清官窑器"。

笔者认识的人中，有不少人买过了这些所谓的"官窑瓷器"，结果有人倾家荡产，有人妻离子散，有人气得中风了……

五大名窑精品瓷的出现，与专家鉴定师的推波助澜有关。

此外，还有个别大博物馆宣称买了价值千万元的鉴定仪器，配合这些专家的"慧眼"进行鉴定。但鉴定的结果却令人丈二和尚摸不着头脑，如有一份鉴定书写道："经测定，该器物胎釉化学成分与某代作品化学成分基本相同或接近，仅供参考。"这种鉴定语，语焉不详，分明是搪塞、蒙事。说"化学成分基本相同或接近"有何实际意义？制假者可以不懂得化学成分配比，但不至于笨到不知道去宋代挖取胎土的地方去采胎土？这种蒙事"鉴定结果"，我看过许多份，据打听，收费不算太高，一千元一张。藏品持有者会拿着这张所谓权威机构开具的鉴定书，四处宣扬，去蒙蔽那些更不懂行的入门级收藏者。

目前，宋代五大名窑赝品瓷大量出现，是有四辆战车保驾护航的结果：第一，"权威专家"的鉴定证书；第二，科学仪器测定的鉴定证书；第三，拍卖公司因追逐利而过度宣扬；第四，舆论的错导。许多收藏者就是被这四块金字招牌迷惑了，中招了。如果谁不信，可以把这些做过鉴定的"真东西"，再用"前剂量饱和指数法"或"热释光检测法"检测一番。其实，热释光测试，早已被造假者破解，因而古陶瓷真伪鉴定的某些实例对社会科学工作者和科技工作者提出了新的挑战。

如外籍华人收藏的青花云龙象耳瓶的真伪问题，在古陶瓷鉴定界引起过激烈的争论，出现了文物鉴定工作者鉴定结论不一、科技检测方法结论也不一致的现象。较陶器而言，对瓷器用热释光测年的方法，进展较缓慢，上海博物馆采用了专门为测定瓷器年代而设计的"前剂量饱和指数法"，是目前最新的热释光检测科技成果，是可信的。其原理是，陶瓷中均含有矿物晶体的"热释光量"，利用它，可以检测出陶瓷的烧造年代。陶瓷中存在的石英、长石等矿物晶体，在高温烧造过程中烧掉了原有的年代数据，但它在出窑后又开始了它的年代数据。就目前来说，这种测试是可靠的，至少目前五大名窑瓷的仿

制者尚没有蒙蔽这一测定方法的能力。

据说，这种测定方法收费比较多，还要在完整瓷器上取样。真正想要得到一件真品"大名窑"的藏家，是不会吝啬测定费的。在瓷器底打个小洞，取样后再补上，但总比花去数百万甚至上千万元抱着个赝品当宝贝好。

宋代钧窑　月白釉出戟尊

高32.6cm　口径26cm　足径21cm
台北"故宫博物院"藏
宋代宫廷陈设瓷，造型仿古铜器式样，口沿外撇，颈部束收，鼓腹，下接喇叭形圈足。体饰方棱三层，每层饰以四道相同的扉棱，俗称"出戟"，口、颈部位胎骨较薄，腹以下厚重。通体施月白釉，釉色较匀，釉表面有棕眼，边棱釉薄隐露胎色。此件器物底刻"三"，表明其为整套器中较大者。在传世品官钧瓷中这类尊最少见，据传全世界公私收藏仅十件左右。

元青花不多也不少

"鬼谷子下山图罐"卖了2.6亿元人民币以后，元青花的名气闻名全国，大多数人都知道元青花很值钱。于是有成千上万个元青花寻求者，没过多久，一支元青花收藏大军便形成了，是逐利把这些人的头脑都搞昏了！有的人竟然自诩收藏了几百件元青花瓷，而每一件都价值连城！他也不想一想，这么多件元青花瓷如果都是真品，怎么可能都被他一人收藏呢？

这事也说明，大多数人并不了解元青花瓷，事实上元青花瓷尚有许多不解之谜，有待于研究者作更进一步研究。

例如，元青花的数量，是人们关心的问题，现在有两种截然不同的说法。

有人说："元青花全世界也就三百多件。"我以为此话差矣。应该这样说：据统计，全世界博物馆里收藏的中国元代青花瓷器，目前有三百多件。民间到底收藏了多少件元青花，没有统计。

有人说，"元青花民间收藏很多。"我认为此话也不对。应该这样说：民间也收藏一些元青花，但数量不是很多。

前一种说法，可以说是受"左"的思想桎梏，后一种说法是受"右"的思想在作怪。正确的说法应该是：我国的元代青花瓷器，精品大部分收藏在海内外博物馆之中中，我国民间也有少量收藏。

这几年，中国古陶瓷学会举办过几届"元青花研讨会"，江苏省古陶瓷研究会也举办过几届"元青花研讨会"。类似这样的研讨会，全国举办过多次。关于历届所展示的藏品的真假问题，争议较大。这个问题不搞清楚，会混淆是非，颠倒黑白，不利于我国收藏品市场的健康发展。

元青花的价格也是人们关心的问题。众所周知，元青花的价格高涨是由"鬼谷子下山图罐"引发的。一个青花罐卖了大约2.6亿元人民币，这不能不说是个奇迹。这只元代青花罐到底值不值这么多钱？众说纷纭。说它值，因为其年代久远，品种稀少。说它不值，因为它造型普通，画工一般。可以说，值与不值是永远说不清的问题，艺术品收藏就是这样，喜欢就值钱，不喜欢就不值钱，道理就这么简单。但任何古玩都应该有一个大概的价格范围。

我个人认为，"鬼谷子"不值2.6亿元人民币：因为从历史角度来看，它的历史并不长；从艺术角度来看，此罐的型制非常普通，画工虽然比较流畅洒脱，但并非出自大家手笔；从稀有度来看，此类大

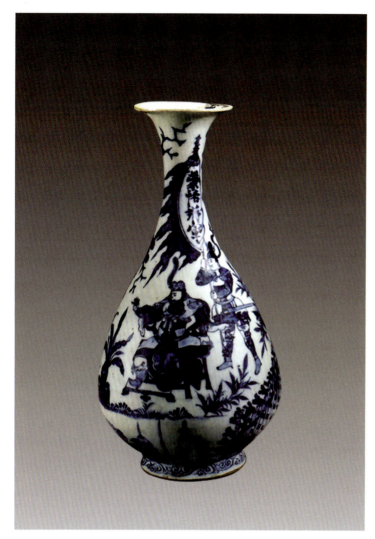

元代青花 蒙括将军玉壶春瓶

高30cm 口径8.4cm
腹径15cm

湖南省博物馆藏

1956年湖南常德出土。玉壶春瓶腹部绘蒙恬将军的故事：蒙恬将军正在审问下跪的官吏，一武士手持书有"蒙恬将军"四字的大旗，站于蒙恬将军身后。人物之间点缀着篱笆、芭蕉，竹叶、花草等物。画面繁而雅洁。

罐存世量还不算是太少；从科研角度来看，只是一件青花瓷罐，没有太大的研究价值……也许只是图个新鲜吧，才卖出了怎么高的价格。

不过，我们也没有看见买主真的付了那么多钱！拍卖会的情况是很复杂的。存各种可能。所以我认为，买古玩千万不能以拍卖会的价格为准，只能作为参考。

我第一次"打眼"的经历

一天,我到苏州采访,刚下火车,遇到了一个衣着破旧的小孩,可怜兮兮地拿着一个紫砂壶,说他家里穷,只能把这个祖传的宝贝拿出来卖。说着,掏出一根火柴,在茶壶上一擦,火柴就点燃了。

我向来喜欢古玩,便把这个能划着火柴的紫砂茶壶当作稀世珍宝,用400块钱欣然买下,喜滋滋地拿回家了。

我看紫砂壶很脏,便用水一洗,竟洗出一盆黑水,但能划着火柴的特异功能也消失了。后来,有位古玩商告诉我,这只紫砂壶是做过旧的,做工也就三流水平,不过是一件极普通的紫砂壶而已。火柴一擦就着,那是在紫砂壶上涂了一层磷。

这就是我收藏生涯中的第一次"打眼"。那位不知名的"小古玩商"骗了我一次,也把我"骗"进了收藏界,也改变了我的生活轨迹。

现代 吴云根制紫砂提梁弧棱壶

高14.1cm 口径6.2cm
盖印"云根"
底印"吴云根制"
吴云根(1892～1969),原名芝莱,宜兴蜀山镇人,14岁拜汪春荣为师学艺。1915年任山西平定县平民陶器工厂技师,1929年受聘于南京中央大学任陶瓷科技师,在江苏省公立宜兴职业学校窑业科担任技师。新中国成立后,在蜀山陶业生产合作社培训学员。吴云根擅长筋纹器制作,成形技术高超,所制紫砂壶,风格朴实稳重,题材以竹为多。

当鉴定师后我仍买假货

在苏州火车站的"打眼"，使我走上了收藏之路。搞收藏是一个曲折的道路，不经过磨炼，是不会成为真正的鉴定家。

改革开放后的几年，我虽然小心翼翼，但仍免不了不断地"打眼"。有一段时间，我的藏品中假货竟然达到1/3！多次交学费，我却悟出一个道理：文物鉴定讲究学术性和技术性相结合，一定要去市场中磨炼，才能成长为具备丰富辨伪能力的"实战型专家"。

收藏领域，十分复杂，有些问题至今我也未弄明白，看有关的书籍，发现观点、立论相左，各位专家意见不一的事时有发生。人们不可能沿着时光隧道去看看古人当时是怎么样制造这些东西的，只能凭老祖宗留下点可怜的资料和实物进行分析、对照、推理、判断。失误是难免的，想要失误少一些，就得谦虚谨慎，不断地学习，永远做小学生。还要善于总结经验，能否定自己，才能进步。

现在，我当鉴定师了，仍买假货，可目的和当初不一样了。

那些做得好的、造得精的赝品，大都成为我案头的"参考"，供我仔细研究制作赝品的方法和遗留的痕迹。而且，我即便是因"走眼"买了假货，也从来不退换。经过仔细研究后，就将它们送给那些买不起真货的朋友，明确告诉他们：这是仿古艺术品，可当作艺术品来欣赏。

袁世凯像飞龙纹签字版金样币

此金样币为1916年所制，正面为袁世凯像，背面上方文"中华帝国"，下方文"洪宪纪年"，中部是飞龙纹，并有意大利雕版家L.GIORGI的签字。但未正式铸币发行，据传此金样币存世量三枚，均为国际知名收藏家秘藏，无拍卖记录。于2007年回流，由中国嘉德拍卖，以253万元成交。亦有1916年袁世凯飞龙纹银币，由嘉德拍卖，以8.8万元成交。

我当鉴定师的感受

我很快成了各地古玩市场的常客，渐渐对色彩靓丽的明清彩瓷产生了兴趣。当时，民间古玩收藏刚刚兴起，市场上赝品不多，这为我创造了绝佳的收藏条件。

到20世纪90年代初，我已经收藏百余件古代五彩、粉彩、斗彩、珐琅彩瓷盘，还在南京举办了一次"藏盘展"，被誉为"金陵盘王"。

血气方刚、张扬的个性，显然与当时收藏界保守内敛的作风格格不入。那时，文物收藏还处于敏感地带，没有人敢搞藏品展，许多收藏家把自己的藏品收着掖着，生怕人家知道。但我觉得收藏品不与大家共享，不能称为收藏家，只能说是仓库保管员。

后来，古玩价格越来越高，赝品也越来越多，我就转而研究当时还乏人涉足的青铜器，因此见识了不少真品、稀品，眼力也提高了。很快，青铜器的价格也节节高升，我买不起真正好的青铜器，但也不甘心与人同流合污，靠假鉴定赚钱。于是干脆卖掉大部分藏品，转而从事文物鉴定。本想为他人提供帮助，到头来却得罪了许多人，也揭露了许多别人不敢揭露的真相。

当时，有一位青铜器仿制厂厂长到北京来与我商谈，说要和我合作，制作几件青铜重器，由我开具鉴定证书，由他去卖。还说，这辈子只搞这一次，挖第一桶金。我没有同意。

还有一位上海藏家准备出手一件乾隆珐琅彩瓷器，价格达到650万元人民币，买家只有一个要求，就是要到北京请我开具一张鉴定证书。因此卖家来京找我，请我开具一张鉴定证书，承诺给我200万元开证费，我没有同意。卖家再次找我，说生意成交后再给我150万元，我也没有同意。

一次，一位收藏爱好者请我去家里鉴定瓷器。为了考验我，这位藏友特意将自己的藏品统统拿出来，放了一地让我看。我扫了一眼，从中挑出了三件放在桌上，说剩下的全是赝品。他夫人一听这话，立刻鼓起掌来。原来那三只瓷罐是她从娘家带来的祖传宝贝，其余的则是她丈夫近年来买的。

还有一次，一位台湾老板请我为他鉴定几件官窑器，约好在珠海见面。这位老板带来了几件最好的藏品作为餐具款待我：喝酒用的是成化鸡缸杯，放水果用的是宣德青花盘，喝茶用的也是乾隆御用的茶壶。但我却坦率告诉他，这些藏品没有一件是真的，这位老板一气之下立刻收起了

原先的殷勤，一声不吭就回了台湾。两年后，这位老板自以为吸取了教训，又拿来一只宋代彩瓷大罐请我鉴定，我看后告诉他：宋代根本就没有这个品种，那只是现代人按照古玩书上其他朝代的"标准件"，臆造出来的仿品！

我能够看出这些赝品的破绽，不仅仅是靠熟悉了真品的特点和神韵，更是因为掌握了赝品的制造方式。这些年来，我跑遍大江南北，结识了不少"仿制厂"的厂长，直接了解了赝品制作流程，这无疑是鉴定赝品最有效的手段。

战国　山字纹铜镜

直径14.2cm

因主纹为山字纹而得名，是战国铜镜中的大类，出土品分布地域广泛，以湖南地区出土最多。主纹有四山纹、五山纹、六山纹三种，五山纹、六山纹出现稍晚，数量亦少。

此铜镜主纹为四山纹，山字纹之间饰树叶纹，地纹为细密的羽状纹，为常见品。山字纹之间有饰瑞兽纹的，但很少见。瑞典东方博物馆收藏一枚三山纹双鹿一犬纹铜镜、上海博物馆收藏一枚四山鹿纹铜镜、日本东京收藏一枚四山纹间饰两豹两犬纹铜镜，都是山字纹铜镜中珍贵者。

不得不说的假话

　　我有一个朋友是某省级机关的领导，一次到该省去，他请我到他的一位朋友家鉴定文物。他的这位朋友是个私营企业的老总，手头有钱，购买了许多"宝贝"。

　　我到了这位老总的豪宅，进入他宽大的客厅，一下被惊住了：客厅像个瓷器博物馆，元青花大瓶有六个，宣德大盘三四个，洪武釉里红大罐也有好几个，如这些瓷器是真品，按照现在的拍卖价格能值几个亿。走进收藏室，景观更加辉煌——四壁全是博物柜，几乎历朝历代的各种珍贵古董应有尽有。老总如数家珍，眼睛放光地介绍着，又从床底下拖出一个破棉被，打开后有一只粉彩大瓶，说是乾隆做寿时用的。我问他："为什么要用破棉花套把它裹起来？"老总说："如家里来了小偷，绝对不会想到破棉花套里有好东西。"说得大家都乐了。看他乐得那么开心，可我的心里非常苦涩——这些都是赝品啊！

　　一会儿，老总夫人凑了上来问我这些东西值不值钱？我该怎么说啊！若说是假的，非把老总气晕了不可！说不定还会臭骂我一顿呢！

　　我支吾了半天，看无法推托，只好指着一个民国时期制作的一个小瓶说："这个玩意能换台大彩电。"

　　事后，我对那位当领导的朋友说："你去劝劝那位老总朋友，他收藏的东西全是假的，不能这样下去了。"谁知这位当领导的朋友太直率，马上告诉老总："王立军说你的东西全是假的！"那位老总生气了，嫌我没有眼力，不想再理我了；即使见了面，头一偏，满脸怒气。我哭笑不得，心想说真话可真难啊！我又怪那位当领导的朋友说话太直了，他听后哈哈大笑，说："是吗？这事我来处理！"

　　过了几天，我突然接到那位老总的电话："是立军老弟吗？好几天没见了，很想你，晚上到我家来吃饭怎么样？听说你喜欢吃红烧肉，我亲自下厨给你烧！"弄得我莫名其妙。

　　原来，我那位当领导的朋友出于好心，主动为我辟谣，对老总说我没说过那些话。唉，说假话还挺吃香的，没有办法。这就是眼下光怪陆离的收藏界，形形色色的收藏人。正因为如此，才需要真正敢于说真话的鉴定家。

得佛记

我不信佛，这辈子没烧过香。但我爱佛像，更爱高古金铜佛像。与其说爱佛，倒不如说是被古代艺术家精湛的技艺所吸引……

我有个习惯，每到一处，既不恋山，也不玩水，喜欢跑古玩店。一次，我到某市出差，在一家古玩店发现了一尊佛像。该佛体积硕大，足有半米高，颇有气势。仔细观察后，我问店主："此佛像转让吗？"店主满脸堆笑，连说"转让"！我问店主此佛是什么年代制作的？他说看不懂，可能是民国的。我心里有数了：

本书作者在鉴定金铜佛像

该佛非我莫属了。问他要多少钱，他说1万块。问他8000元卖不卖，他问我是不是真心想买。我回答很干脆："不买问什么！"

就这样，8000元购买到了这尊佛像。店主喜滋滋地收了钱，乐呵呵地帮我搬上了车。

实不相瞒，我认定这是一尊典型的明代释迦牟尼铜鎏金佛像，高约52厘米，气势雄伟，神态慈祥安泰，肃穆庄严，手势为施无畏印。看外表，该佛像通体鎏金，金色纯正，宝光四溢，包浆润泽。特别令人叫绝的是，该佛服饰上满是錾花，錾有如意结、风水轮、灵芝草、吉祥云、梅花鹿、回头鹅、寿桃、蝙蝠、双鱼等十多种吉祥物纹，构思十分精妙，布局极为合理，刀法娴熟细腻，可谓精美绝伦。

就这么一件罕见的古代佛像精品就被我轻易购得了，也许是这尊佛与我有缘吧。

人们常说，"搞收藏要有缘"。我认为此话有道理，但缘分只属于有眼力的人。这正如买股票、炒期货，乃是经验的堆积；搞收藏，乃是眼力的较量，眼力好了，缘分自然而然就会向你走来，宝物也会不断地出现在你的博古架上。眼力何来？眼力来自于理论与实践的结合。我的佛"缘"，不就说明了这个小小的道理吗？

上海藏家从美国请来一尊文殊菩萨，也有专家认为是一尊骑犼观音，因为文殊菩萨和骑犼观音有时较难辨认。此造像高约2米，造型别致，颇有气势。苏州人王女士是个信佛之人，想把此佛请到她修建的苏州观音园中，世代供奉，但不知道是真是假。她将照片寄给我，遗憾的是仅靠看照片，也看不出真假，只是疑为赝品。作为鉴定家，把赝品看成真品情有可原，因为现在的仿古水平实在高超，就是专家也难免走眼；如果把真品看成是赝品，那就说不过去了——此佛价格昂贵，估价2000万元。后我亲自跑到上海进行实物鉴定，看后鉴定为一尊明代早期的真品佛像，而且还是我国佛像图典中没有的标型，真称得上稀世珍宝。

若没有鉴定家，或者苏州人王女士不认识我。恐怕不会花巨资将这尊佛像请到苏州来，这大概也算一种缘分吧！

黄花梨家具鉴定记

浙江一位老板卖给北京一位老板一套海南黄花梨家具，总价200万。北京老板买回去后，请了不少专家来看，今天这位专家来说是真的，明天那位专家来说不对。于是，北京老板的头大了！

收藏市场就是这样，自以为是、不懂装懂的人比比皆是，还喜欢相互拆台：你只要买了别家的东西，总有些人会说不对！

卖海南黄花梨家具的浙江老板也急了，一天给我打了几个电话，请我一定帮忙处理好这场家具材质真伪的纠纷。他说："退货不要紧，关键是丢不起那个脸！"浙江老板的为人我清楚，他从不做假货，经营硬木家具已几十年了，我曾亲眼看见他一天就做1200万的生意，钱有的是，就是在乎名声，要个面子。

我对硬木家具鉴定，是擀面杖吹火——一窍不通！遇到这场家具材质真伪纠纷，我想只能请一位鉴定硬木家具的权威人士来判定。经双方协商，决定请张德祥先生出场。这种涉及大金额的真伪鉴定纠纷，我们一向采取回避态度。好在张德祥先生很给我面子，同意出面。去之前，我对张德祥先生说："朋友归朋友，实话要实说，如果东西不对，要直说，不要护短！"

买这一套海南黄花梨家具的北京老板，住在京郊一栋大别墅里，别墅的布局和内部装修、陈设非常豪华，很有档次，一看就知道房主是个"花200万只是小意思"的那种。不过，人再有钱，买了假货，心里总觉得不舒服。

我们走进别墅，看见两位博物馆专家

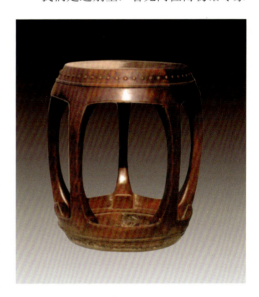

明代　黄花梨鼓式坐墩

直径43 cm

坐墩是古代常见坐具，用草、藤、木、漆木、瓷、石等材料制成，坐墩大多像古代的鼓，一般在上下彭牙上做出两道弦纹和鼓钉，保留蒙皮革，钉帽钉的形式，故名鼓墩；又因古人在鼓墩常铺锦披绣，故又名绣墩。此黄花梨绣墩为四开光式，做工很细。

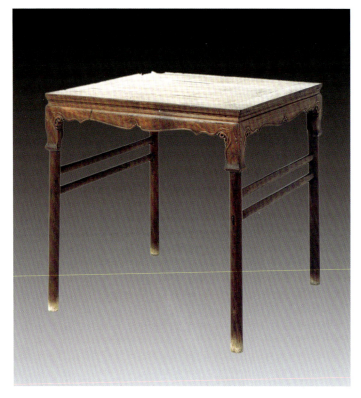

明式　黄花梨展腿式方桌

宽100cm

高86cm

　　此方桌的特点是束腰以下采用展腿形式。展脚为明式家具流行做工，牙条和腿的上端插肩相交，壶门式彭牙和腿上端的拱肩构成一体，于其上刻有浮雕卷草纹或兽头衔环，展腿与腿足相交处常刻飞云翅。展脚原是可装卸式结构件，与炕桌配合使用，后来多改为一木连做，并装有双横帐。

早到了：一位手里捧着一本书，一位手里拎着一根木棍。看我们进来，他们的表情有点不自然。职业敏感告诉我：这两位一定是说家具不对的那两位专家。由于我们不认识，我想他俩也不是知名专家。在寒暄式的介绍中，只知他俩供职于某博物馆，具体在博物馆干什么工作就不清楚了。

　　张德祥先生仔细地看完家具后，认为这套家具肯定是用海南黄花梨木制作的。他介绍海南黄花梨的特征后，又强调说："海南黄花梨和越南黄花梨不容易分辨，就像英国人和法国人、俄罗斯人和乌克兰人，有时很难分清。海南黄花梨树上一些种子，被一阵风吹到河对面，长出来的小树与母树肯定不一样，因为生长环境变了，这其中的情况十分复杂，十分微妙。

要想真正分得清，只有长期沉浸在其中，仔细观察，才能了解个中真味。就这张桌子的制作工艺来看，桌面是用几块板材拼起来的，这就对了！因为海南黄花梨木都比较细，没什么大材料。如果用越南黄花梨，一块独木板就够用了，没有必要用几块小板拼接成一个大桌面。"张德祥先生又对北京老板说："就是要退货，也不能说人家的东西不对，这会冤枉人家！"

　　这时，那位拿着木棍的专家，举起了手中的木棍，说："你们看，这才是海南黄花梨！"张德祥先生说："你这根棍，确实是海南黄花梨，不假！但海南黄花梨木的花纹不止这一种，与海南黄花梨木树的生长环境有关。海拔高的地方和海拔低的地方，靠海近的地方和离海远的地方，水分多的地方和水分少的地方，都会产生不一

明式 黄花梨交椅

座宽72cm
进深66cm
高104cm

　　交椅原是古代北方少数民族的坐具可以折叠，便于携带，传入中原后名胡床，亦有交床、交椅、绳床等别名。交椅因有圆弧形的椅圈、向后弯的靠背及外弯的扶手，座面是软屉，下面装有放脚的踏床，坐靠时十分舒服。

　　此交椅椅圈为三拼式，靠背板与椅圈、椅座后桄相交接，四角加花边形角牙，活转处装有带饰纹铜制构件。做工精细讲究。

样的纹路！这就像一个妈妈生了几个孩子，同是一个父亲，但长得都不一样。我们鉴定时要纵观全局，事物个性中有共性，共性中有个性，你不能拿这根棍子作为参照物，就认定所有的海南黄花梨都应该是这个样子！"

　　另一位专家更有意思，捧着书，凑上前来，指着书上的图片说："这才是海南黄花梨。"我们觉得此举实在幼稚、可笑。现在图书市场混乱，许多收藏类图书都是藏家自己花钱出版的，上面一件真品图片都没有。即使有真品图片，也不能按图索骥，用作一票否决的标准。有的仿品，做工比书上的真品还要精美，也有的真品，藏品书上根本没有刊载，难道就成为赝品不成！海南黄花梨树可以说有千万棵，生长在不同的环境中，难道都应该与书上的图片一模一样？

　　据说两位博物馆"专家"至今仍然坚持自己的观点。我想，他们听了张德祥先生的一席话后，应该有所感触，张德祥先生对家具的鉴定眼力之高，是众所周知的。如上一席话，毕竟言之有理啊！我想，两位博物馆"专家"坚持的是面子，话说出去了不好收回。这种自以为是、固执己见，也不知道博采众家之长的人，怎么可能成为鉴定家？！如果换了别人，觉得张德祥先生的话有道理，会立即收回自己的意见，并把这当作一次学习的好机会！有时候固执己见，并不能维护自己的面子，也不利于巩固自己的威信，更谈不上提高自己的眼力。我认为，想做一个优秀的鉴定家不仅眼力要好，还要具有多方面的修养。

战国龙头铜壶鉴定记

我收藏了一把战国后期制作的曲颈龙头铜壶，说起收藏过程，还真是一个小故事，真称得上"无心插柳柳成荫"啊。

我当记者时，一次到某市采访。傍晚时，信步走进一家古玩店，只是想看看，没打算卖东西的打算。老板正要关店门，看我进来了，把我让进店里。

古玩店的展示柜里摆满了数量众多的大路货，地上乱七八糟放了不少古玩。看了一会儿，我突然看见地上一堆古玩中有一把曲颈龙头铜壶，古色古香，造型别致，立刻联想到前不久刚看过的《中国青铜器全集》里面有一把蒜头壶，造型与这件很相似，但龙头壶从来没有见于图录。从器物的造型、皮壳、锈色来看，是"开门"的东西（意思是开门见山的真货），心里不由得一阵狂喜！

我对中国青铜器很感兴趣，仔细翻阅过大量的研究资料，足迹遍及海内外博物馆、艺术品市场，对青铜器知道一二，但从未见过此造型的青铜壶。

陕西省米脂县博物馆藏有一把曲颈蒜头壶，咸阳市博物馆藏有一把直颈蒜头壶，这些青铜壶均为短而粗的造型，与此造型完全相同的龙头壶，国内还未发现第二件，称得上稀世珍品。

我不露声色，提起这把龙头壶，佯装

不懂，问老板："这件东西叫什么？干什么用的？"老板说不知道。我心里就有数了——若老板识货就难办了！

接着，我问老板："这玩意儿卖不卖？"老板说不是他的，是一个朋友的，下午刚刚寄存在这儿，明天一早就来拿，准备带到上海去。

我仍不露声色，问："你的朋友是干什么的？有没有电话啊？他肯让给我吗？"老板说他的朋友是船老大，不是专门经营古董生意的。我觉得有门儿，拿到手了——船老大通常不会有什么文史知识，对古玩不会了解太多，看来这件东西非我莫属了！

我立即给船老大打电话，一番热情交流，一番砍价还价，船老大就将此物卖给了我。我得到了这把曲颈龙头壶，临走没忘了给古玩店老板好处，老板乐不可支，一直将我送到大门外很远。

回到南京，我立即找到某专家，请他鉴定真伪。专家看来看去，半晌没吱声，最后从牙缝里挤出几个字："没见过，不应该是真的。"他的话，让我深感意外：难道是我走眼了？不可能啊！这可是"开门"的东西啊！

我没有被那位专家的话吓到。凭我的知识，凭我的经验，我敢肯定这件东西是真货，是稀世珍品。接着，我又找到几位知名度很高的玩青铜器的藏家，藏家的结论与专家不一致：是"开门"的真货！

为了验证自己的眼力，谁的话我也没听，带着这把壶独身去了北京，对此物进行X光分析，证实是真品。为慎重起见，又请了几位权威的鉴定家和藏家对其进行了鉴定，采用一票否决制，结果专家全票通过：该器为真品，战国晚期或秦汉时期制作。

青铜壶是古人用来盛水和盛酒用的，考古学家将它们分为水器和酒器。部分人认为这只壶是酒具，部分人认为是水器。也有人认为水器、酒器都可以，用来装什么就是什么器。这里就把它暂定为酒具。

几位青铜器专家和藏家对这件青铜壶进行了鉴定，推断此件青铜壶应是战国后期，或秦汉时期的作品。就龙首处注口来看，不像是实用器，因为注酒时，酒会从龙口状流中流出，与曲颈蒜头壶不一样，注酒时酒可以顺着曲颈进入腹中。因此，此件青铜壶可能是祭器或明器，作镇邪、镇墓之用。难怪龙头张牙舞爪，狰狞恐怖。头上还长有两只角，角尖向前，似乎随时准备发动攻击。

有些专家在鉴定文物时，习惯将某一件作品划定在某个时代、某个王朝。这样做是不科学的，也是不可靠的。某个朝代结束了，某位皇帝归天了，但当时的工匠们并没有死，他们依然在工作。受政治的影响，一部分艺术品的形制会有大的变化，但至少有一部分艺术品的形制没有什么变化，即使有所变化，也是渐进的。

偏远地区，消息闭塞，也会出现看似荒唐其实合理的铭文，《桃花源记》云："自云先世避秦时乱，率妻子邑人来此绝境，不复出焉，遂与外人间隔。问今是何

世，乃不知有汉，无论魏晋。"几个朝代的更替都不知道！当有人发现"大明康熙年制"的瓷器时，便认为署这样的铭文十分荒唐，但动脑子想一想，就不会这样想了。生活在山沟里的人，对政治不十分关心，有的

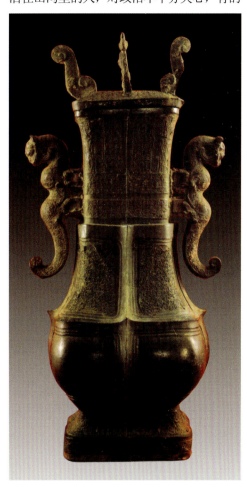

春秋　青铜曾姬无卹壶

高78.6 cm　底长20.7cm　底宽19cm
台北"故宫博物院"藏

青铜壶是仿瓜形长颈盛酒器，流行时间长，式样较多。基本形制：有盖、长颈、有耳、圆腹、圈足；早期为贯耳，西周中期以后为兽耳衔环、盖上有圈顶，可以倒置作杯盘用。春秋晚期青铜壶为长颈，肩部有两个伏兽，盖为莲花装饰，取代了商和西周早期的青铜尊。春秋早期有扁壶、圆壶、长颈方壶、方壶、瓠壶，春秋中晚期主要有圆壶和扁壶。其中圆壶有六式，方壶有七。

只知道皇帝是康熙，根本不知道"大明"已改成"大清"。"文化大革命"时，"破四旧"之风那么剧烈，有些偏僻的地方仍然有"四旧"存在，给后人留下了一些"遗产"，要不收藏界也没有"捡麦子"、"铲地皮"等行话的发明与流行。

我深知许多农村因处于闭塞之地，而十分落后，所以认为文物的断代，除有明显的款识、标志和翔实的证据可定为那个时代的作品外，其余的应定为早期、中期、晚期较妥当。有些作品的年代跨度不妨定得宽容一些。

香港、北京、上海有些拍卖公司已意识到这个问题。如清代的一件瓷器较难断代，分不清是早、中、晚期，干脆定为清代，这样不至于提出异议。因此，专家们将这只壶暂定为战国晚期或秦汉时期的作品是科学的。

针对这把龙头铜壶，也有专家提出："这个头是不是后接上去的？"对此铜壶进行X光分析结果表明：该器通体铜和锡的比例为79：21，与春秋战国及秦汉时期的青铜器成分比例吻合。经化学实验，整器地子、皮壳、锈色及黏土化学成分一致，不存在后接。铜壶的颈部确实有一道接痕，应该是当时分为几个部分铸成后铸焊为一器时留下的痕迹。这种分铸后合成一器的做法，春秋战国时就有，不足为奇。另外，整器上下气息相通，凭肉眼观看也看不出后接的感觉。

针对这位专家的提问，我也曾有过"是不是本来没有头"猜想？我细看铜壶直颈至焊接处长达20多厘米，如果什么装饰都没有，岂不是一只不伦不类的怪物！用曲颈蒜头壶，或直径蒜头壶改制也不可能。上述两壶，颈部均较粗，上下只有几厘米，根本改装不成……该想的都想到了，该问的都问过了，该实验的也实验了，定论已不言而喻。

笔者更想说的是：这只铜壶，明明是"开门"的东西，有人硬是提出异议，表明他高人一筹，这是幸事，还是悲哀？如果不是我和其他专家、藏家据理力争，并进行科学实验，这只罕见的艺术珍品也许早就进入哪家工厂的炼铜炉内……

文章到此，还想赘言几句，算是结尾。一日，我的一位朋友带着刚刚会走的孩子来家里做客。我开玩笑问孩子："叔叔这么多的东西，你喜欢哪一个，叔叔送给你。"孩子环顾一下满屋的藏品，迟疑片刻，突然向龙头铜壶跑去，一下子抱在怀里，引起满堂哄笑。我傻眼了……

这只铜壶有着强大的、神奇的艺术魅力！孩子拥抱的不仅仅是一只千年之前的青铜壶，而是中国古代艺术品的博大精深和古代艺术家的卓绝技艺，拥抱的是美。

孩子未成年，在朦胧中却能辨别什么是美。对此，我们这些大人该作何感想呢？

珐琅彩瓷尊鉴定记

　　我到国外无论干什么，特别喜欢到古玩店转悠一番。目前，许多欧美国家经济不景气，是海外文物回流的好机会。前段时间，向国外朋友借一笔钱，巨资购回了一只珊瑚红底描金珐琅彩瓷尊。此瓷尊运回南京，我便邀请众位藏家前来观赏。众位藏家见后，无不称赞叫绝，莫不被祖国博大的文化精神所打动，被古代艺术家的高超技艺所折服。

　　此瓷尊可谓雍容华贵，精美绝伦。珊瑚红作底，色泽艳丽纯正，瓷尊身上绘四朵缠枝牡丹花纹，两朵紫色，两朵红色，花心均为黄色。用高倍放大镜观看，釉面有清晰的鱼子状（这是区分珐琅彩和粉彩的重要依据）纹络。胎体致密细洁，为典型的"糯米胎"，露出二次氧化的痕迹，人工不可为。底书"大清乾隆年制"六字青花篆书官窑款，青花为浙江青料。器足为二台阶式，泥鳅背，为乾隆时典型制作方法。描金纹，明显是先用胶水绘线，而后洒金粉，用玛瑙棒抛光成型（1840年后大多改用金水直接描绘）。整器看上去古色古香，雍容华贵。

　　收藏界人士都知道，珐琅彩瓷器是清康雍乾三代仅供皇室赏玩的官窑彩绘瓷，数量稀少，工艺精妙，百姓一般很难见到，如今存世极少，十分珍贵。面对这样

一件稀世珍品，一位副研究员开始竟说"看不懂"，一会儿说是清代后仿的，一会儿又说民国仿的。其理由是：珐琅彩是康雍乾三代供皇室玩赏的珍贵品种，民间怎么可能有呢？几句话，说得在座的几个藏家面面相觑。

　　但我对此副研究员的高论不以为然，因为我相信自己的眼力。为证明我的判断是正确的，又邀请几位在国内知名度很高的瓷器鉴定家来到南京，对此瓷尊进行一次"会诊"。

　　诸位专家经过仔细审看之后，终于有了结果：大多数专家认为：此瓷尊是乾隆晚期由景德镇烧造，可能是定烧器，很可能是一位达官贵人为自己的爱女定烧的"嫁妆"。也有个别人提出此尊是嘉庆早年的瓷器，仍打太上皇乾隆的款识。但无论怎么说，都认为这是一件十分难得的传世珍品，它既不同于故宫博物院、台北"故宫博物院"及海内外其他各大博物馆藏品，又不同常见的一些珐琅彩小器，是难得一见的宝物。

　　专家的认定，印证我当初判断是正确的。我曾翻阅了大量资料，发现珐琅彩瓷的背景材料中仍有许多不解之谜。如收藏界都认为珐琅彩瓷是皇家御用瓷，先由景德镇烧好上好的素瓷，然后送到清宫

造办处，由高手或名画师绘制纹饰，再由珐琅作低温烧成。因是皇家御用瓷，数量很少，而且以小件瓷器居多。有位专家撰文详细介绍了清宫旧藏珐琅彩瓷的情况，清宫旧藏珐琅彩瓷仅500多件，现存台北"故宫博物院"450件，北京故宫博物院仅几十件，其他散见于海内外一些大型博

清康熙　珐琅彩牡丹瓶

高13.7cm　口径8cm　底径8cm
台北"故宫博物院"收藏
撇口，短颈，丰肩，敛腹近底有外侈，平底有，器内及底有均上白釉，外壁紫地彩绘各色牡丹。器底有蓝料书"康熙御制"双方框款。

物馆和美术馆，也有几件由私家珍藏。有一位副研究员曾在电视上宣称："珐琅彩瓷是专用名词，就是皇家用瓷。"他的话有一定道理，但他指的是康、雍、乾御窑厂烧造的那批瓷，并不能涵盖整个珐琅彩瓷。

我认为，珐琅彩瓷创烧于康熙中晚期，先从景德镇精选上好的白瓷胎运到宫中，由造办处组织高手进行绘制、烧造，专供皇家赏玩。雍正年间，我国开始生产珐琅彩料(这就意味着珐琅彩瓷生产单位在扩大)。到乾隆年间，景德镇也开始烧造珐琅彩瓷了(乾隆皇帝曾下旨唐英到景德镇监烧)。从什么时候开始烧造？烧了多少件？什么时间停烧？都是谜。

按理说，珐琅彩瓷既然名贵，唐英监烧的器物应该出自御窑厂。御窑厂当时汇集了各路制瓷高手。既然如此，皇家御窑能烧造，其他官窑也不会等闲视之。所以，不能确定部定窑、王公贵族窑、大臣窑等共计58座官窑及数百座民窑难道都没有烧造过珐琅彩瓷。

我想，既然当时皇帝没有下旨禁其他官窑和民窑烧造珐琅彩瓷，其他官窑，甚至部分民窑也不会"安分"，也要烧珐琅彩瓷。和今天一样，好东西谁不想得到它？所以生产者不会少。

据藏家介绍，这只尊是他从海外购来的，卖主说，是某个"二品官"为女儿出嫁定烧的"嫁妆"。原来为一对，另一只因不小心打碎了，甚为可惜。此说是真是假，无法考证。但这字里行间透露出一个重要信息：乾隆年间景德镇开始烧造珐琅彩瓷，其他官窑也开始"动手"了。

目前市场上能见到只是一些珐琅彩小件瓷，但并非是珐琅彩无大件瓷，只不过数量少，没见到而已。我们常见的料彩、

广彩等，其实也是用珐琅彩料绘制纹饰。有些彩瓷上使用粉彩和珐琅彩的技法绘制纹饰，重要部位用珐琅彩点缀，只是人们已经习惯不把它们称作珐琅彩罢了。有些紫砂壶表面，也有用珐琅彩作画的。

为什么不见大件珐琅彩瓷？我认为，皇宫用珐琅彩瓷，因保存环境好，保存下来的数量较多，而宫外的珐琅彩瓷本来就少，在社会动荡中毁掉的也多。因而有人说"珐琅彩瓷就是皇家用瓷，珐琅彩瓷只有清三代皇家有。"是不科学不全面的观点。正确的说法应该是"清三代皇家所用的那批珐琅彩瓷，是珐琅彩瓷的代表"。

这只珐琅彩瓷尊的发现，对研究我国珐琅彩瓷的全貌和脉络有很高的参考作用。

许多专家认为乾隆之后珐琅彩瓷便停止烧造了，我认为不是事实。1930年，拉脱维亚人施德之出版了一本画册，上面发表了他所藏的珐琅彩瓷100多只，称是乾隆御窑烧造的。此人并非"大盗"，也非"八国联军"，怎么会有这么多御制珐琅彩跑到他手中？有人说他的藏品是民国之前的东西。既然是民国之前的东西，也就是清代了，具体是清代哪朝，哪个窑烧制的，谁也说不清，连施德之本人也搞不清楚，自称是民国二年（1912）"古月轩"主人第七世孙让给他的。孰真孰假，无法查实。

"古月轩"到底在哪？没人知道；"古月轩"主人究竟是谁？没人知道。实

清雍正　珐琅彩菊花纹碗
高7cm 口径15.1cm
台北"故宫博物院"收藏
碗外壁白釉地上用珐琅彩画各色菊花，加饰题句"秀擢三秋干，奇分五色葩"及"佳丽"、"金成"、"旭映"闲章三枚。碗内纯白无纹，底有蓝料书"雍正年制"双方框款。

际上，"古月轩"根本不存在。但精美的珐琅彩瓷堂堂正正地刊载在书本上，这是事实。它们到底从哪儿来的？又怎么跑到欧洲去的？这也是个谜。但它至少可以证明乾隆及乾隆之后，珐琅彩瓷还在陆续烧造。因为这些珐琅彩瓷不像是乾隆御窑烧制的，又不像民国时期仿制的。而如果没有基础和连续性，民国时期又怎么会突然冒出这么多仿品？到底是哪个皇帝在位时烧制的？科学地分析，应该是乾隆之后、民国之前的产品。耿宝昌先生《明清瓷器鉴定》一书中也提到嘉庆、宣统珐琅彩瓷，并有实物佐证。因此，不能说乾隆之后珐琅彩瓷完全停烧了，不过是很少烧造罢了。

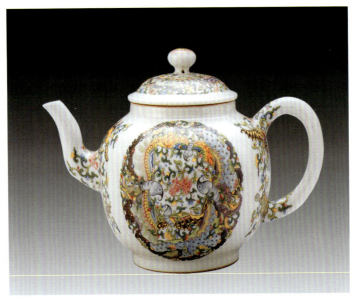

清雍正 珐琅彩菊花纹碗

高7cm 口径15.1cm

台北"故宫博物院"收藏

碗外壁白釉地上用珐琅彩画各色菊花，加饰题句"秀擢三秋干，奇分五色葩"及"佳丽"、"金成"、"旭映"闲章三枚。碗内纯白无纹，底有蓝料书"雍正年制"双方框款。

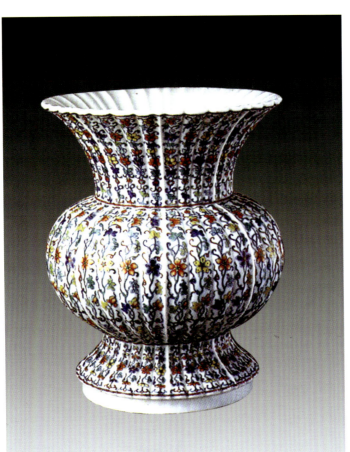

清雍正 斗彩菊瓣式大尊

高25.6cm

口径22.2cm

足径15.7cm

故宫博物院藏

尊通体为菊花瓣式，器大而规整。全器凸棱部位均饰斗彩、枝花组成的直条花纹，构图非常新颖别致，彩色瑰丽，底青花双圈内楷书"大清雍正年制"款。

"金陵第一尊"收藏鉴定记

我的藏品中最引人注目的是一只青花缠枝莲尊，体形硕大，高60厘米，气势雄伟，青花色泽清幽典雅，画工精湛流畅，纹饰层次清晰，布局疏密有致；主纹是缠枝莲纹，莲花、莲叶在缠枝的"牵手"下颇有情趣，有"天下太平"的吉祥寓意，被誉为"金陵第一尊"。

我得到此尊太容易了，可借用"踏破铁鞋无觅处，得来全不费工夫"来形容。一天，我到一位朋友家做客。刚落座，眼睛就盯上大衣柜上的一只青花大尊。朋友看看我，又回头看看大尊，问道："你喜欢瓷器？"我笑了笑，说："是的，不是喜欢，而是酷爱。"我又仔细看了看这只青花大尊，问朋友："你这只尊是哪儿来的？"朋友说："十几年前从山东弄来的。本来是一对，路上打碎了一只。现在一门心思画画，没时间玩这个了。你看，大尊的表面落了一层灰了。"

我对这只大尊简直喜欢极了，便迫不及待地对朋友说："我现在不搞文学，开始搞收藏了。你不玩瓷器了，能不能将只大尊让给我？你报个价，我保证不还一分钱！"朋友一听便说："我哪能跟你做生意啊？你真心喜欢，就送给你，也算兄弟对你的事业的支持！"

就这么简单，这只青花大尊就归我所有了。回到家，我将青花大尊仔细清洗，青花大尊的发色令我陶醉，在灯光的照映下更显典雅妩媚。

藏友们来观赏。我向来不小气，还喜欢"摆宝"，有了好东西，不会掖掖藏藏，喜欢与大家共享。几位藏家仔细看后，对这只青花大尊评头论足：这个说是乾隆的，那个说是嘉庆的，还有说是道光的，各说各的理，争执不下。

等他们争得没劲了，我才说："对古玩的鉴定，常有一个误区：断代最常见的做法是以皇帝执政期来分期。似乎一位皇帝归天之后，一切都要改弦更张。其实不然，一位老皇帝死后，为皇帝制瓷的窑工还要继续工作，青花瓷的烧制工艺也没有随老皇帝而去，所用釉料也还在。换了一个新皇帝，窑工仍继续工作，烧造瓷器与前朝相同，只不过款识要变了。清代皇位是子承父位的和平继位，并非通过战争夺得，前后两朝工艺变化是渐进式的。把这只青花大尊固执、死板地定在某一个皇帝在位时烧制的，是不会十分准确的，这一点必须引起我们收藏界的注意。科学地说，这只尊应定为清中期产品比较合适。"众藏家拍手称好。

斗彩龙纹瓷碗鉴定记

　　我藏了一只清雍正斗彩菱口瓷碗，造型别致，色彩艳丽，做工精细。碗外壁绘二条云龙纹，一条绿龙、一条黄龙，都作腾云驾雾之状，龙纹十分威猛。龙脊用深青花勾勒，龙首、龙肚，用淡青花描绘，绘工娴熟精湛，深浅搭配，填彩全填在青花线内。胎质细腻，釉面滋润。内壁有明显水波纹和拉胎痕迹。逆光观看，"蛤蜊光"（彩瓷经百年以上的氧化，会产生一种光泽，这是鉴定彩瓷年代的重要依据之一）十分明显，是"开门"的雍正官窑瓷。

　　一位鉴定人员看后，对我所说各点均无异议，但对碗的沿口处的菱口太小提出疑问，认为碗沿的菱口太小，与他见过的不一样，不像明显的三角形。我认为他的细心是很对的，能提出问题也很好。但他犯了"本本主义"错误，因为许多书本上发表的大多是"葵口碗"，口沿大体如向日葵花瓣一样，口部是圆的。带着错误的认识去鉴定，必然要犯错误。类似这样的菱口碗，在唐宋时期就大量出现，一直延续到明清时代。当我把这只碗的资料翻出来给他看时，他口服心服了，不得不佩服我的认真细致。

清代　斗彩海水龙纹碗

松石绿釉兽头瓷罐鉴定记

我有一位朋友是记者，他到皖南采风，在一农民家淘到一只装米的绿釉瓷罐，高36厘米，直径26厘米，通体施绿釉，釉面光洁莹润，绿色泛蓝，罐口、沿、肩、腰、上部均刻有纹饰，肩部贴8只虎头，怒目圆睁；腰部贴5只鸾凤，自然舒展。整器颇有气势，有商周青铜器遗风。众多藏家见过此绿釉瓷罐后，不敢说假，也不敢说真，莫衷一是。最后，此绿釉瓷罐搬到了我家，让我鉴定。我仔细察看后，觉得这件器物有古气，又带有现代气息。搞了这么多年收藏，也未见到此种瓷罐，连同类的东西也没见过，不好比较、类推。

当时我没有表态，因为我觉得没有把握而轻易表态，不是科学的态度。若轻易地将一件珍贵文物"枪毙"，也应该视为"毁坏文物"。为此，我认真研究，并到景德镇利用学过的"侦察"手段"明察暗访"，得知此种釉水在景德镇早已绝迹，也没有发现哪个窑烧过此类瓷器。回来后，我又收集了大量资料对此器进行认真分析，揣摩、推断，发现学术界对松石绿釉的提法有些片面。

松石绿釉，一说来源于天然绿松石，常见镶嵌于一些艺术品、实用器上做点缀。天然绿松石一般有两种色泽，一种较

为清淡，一种较为深沉。清淡的那种我们常见到，品种比较多，人们将它作为样板，一提到松石绿就会联想到该品种。但松石绿釉有淡绿、深绿、绿中泛蓝等多种色泽。据了解，清代景德镇只有少数窑厂生产松石绿釉瓷器，除淡绿色釉外，其他色调的绿釉很少生产，存世量自然也少。因没有人专门研究这一问题，导致一些人一见到其他色调的松石绿釉瓷，往往

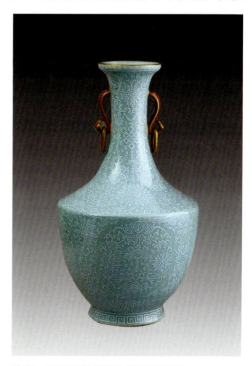

清代　松石绿釉番莲如意耳活环瓶

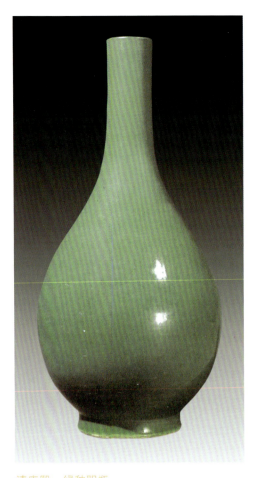

清康熙　绿釉胆瓶

高47.7cm
又名瓜皮绿，是清代新创的釉色。

会迟疑不决，不是说"看不懂"、"没见过"，就是说"不对头"、"说不清"，甚至干脆断为假货。据说，一位专业研究人员竟把这只松石绿釉罐当成了"炉钧釉"，可见鉴定师中也有不懂乱说的。

从釉质上看，我认为是清代较为少见的松石绿釉，看似绿色，微微呈蓝。用高倍放大镜观看，釉汁特别肥厚，不见气泡，蓝色和绿色像鱼子般密密聚集在一起，十分有趣，难怪肉眼看上去绿中发蓝。这种特殊的釉汁十分罕见。圈足，因

长期搁放在阴暗潮湿的地面上，已腐蚀、氧化而脱釉，到了一碰即掉的程度。据有关资料记载，松石绿釉较容易脱落。笔者藏有一把清代松石绿釉锦地茶壶，圈足处也是如此。

据我的记者朋友介绍，这个大罐是他在皖南山区一个农家发现的，农民一直用来盛米，有个木盖子被扔掉了。据传这户人家在清代当过大官，老房屋也算宏伟，虽然已破旧，但气势犹存。大罐一直放在屋里青砖地上。当然鉴定古物不能听故事。但事实说明，罐的底足确实常年经过地气熏蚀，有二次氧化痕迹，人工是做不出来的。

从该器造型上看，我不敢妄下结论。现在是电脑时代，什么样的器型都能设计出来！

从该器纹饰来看，均为手制，刀法流畅。据有关资料记载，松石绿釉瓷器大都有刻纹，器型以瓶、罐、洗为多见，该器便是如此。仔细察看此罐的口沿及罐内，均有自然磨损的痕迹，说明常年使用。

特别引人注意的是该器的胎体，胎体洁白致密，足底上有明显的旋纹，符合乾隆时期的胎质和旋底的工艺特征。但是令人不解的是足底出现大片窑红。用高倍放大镜观看，有明显的结晶体，十分美丽。不像是涂刷含铁量高的浆水烧出的，也不是用南方红泥涂抹后烧成的假红，更不像谷壳掺和含铁细沙垫烧后而成的红色。其实，"火石红"作为古瓷的一种特征，只能作为古瓷辨伪的参考。

耿宝昌先生《明清瓷器鉴定》一书中明确说："乾隆以后瓷器的火石红逐渐减少。"我认为他所指的火石红，是"由于胎中铁质和可溶性盐类在干燥过程中在

露胎的底处富集，在烧窑结束后的冷却过程中由于二次氧化出现的色调"，而不是"瓷器在窑炉内烧制过程中由于外因作用造成的结果"。所以我认为有大片窑红实属正常，耿先生的理论是正确的。乾隆之后，因瓷土淘炼干净，含铁质量较少，胎红已少见，窑红却没有绝迹。

总之，我对此尊的釉质、纹饰、胎质、自然磨损、二次氧化、"火石红"和款识进行认真研究，最后认定：此松石绿釉兽头罐应是清乾隆时期的作品。

有人否定我的观点，认为这只罐的造型显得太特别、太复杂，而我认为装饰繁缛浮华、工艺复杂正是乾隆瓷的特点。乾隆在位六十年，官窑、民窑几百座，到底生产了多少产品？有多少样式？谁也说不清。

就在为这只罐是真是假争执不下的时候，朋友送来一本由南方出版社出版由王建宇先生等编著的《中国清代瓷器目录》，翻开第120页，赫然登着一只乾隆时期的"松石绿刻纹洗"，釉色与这只罐一模一样，绿中泛蓝。用高倍放大镜观看，釉质特别，不见气泡，蓝色和绿色釉质像鱼子般密集在一起，十分有趣，难怪肉眼看上去泛蓝。洗也是暗刻花，这与史料上记载的一样："纯松石绿器物，大都有刻纹饰，以瓶、罐、洗为多。"另一特点是容易脱釉，难怪这个罐也有脱釉现象。

清雍正　松石绿釉胆瓶

高22.5cm
底有"大清雍正年制"楷书款。

事实证明我的判断基本是正确的。但我认为，鉴定古玩不能执著。就这只松石绿釉兽头罐而言，如果有人说出的理由比我更科学，我立即认错，独家之言只能作为参考。古玩行不能与其他行业相提并论，没有一个人鉴定东西绝对正确，绝对的专家还没有诞生！

青花钟式瓷瓶鉴定记

一位老乡说家里有一件青花瓷"钟"，想请我看看，我答应了。不久，老乡便把东西送来了。我打开包袱一看，便怔住了：这是什么东西？乍看上去，样子像一口钟；再仔细瞧瞧，又像是一只青花瓶（也有人称作尊）。我搞收藏多年，东西见过不少，但这种造型的青花瓷器却从来没见过。

我便问老乡这件青花瓷瓶的来历，老乡说，家乡修路迁坟，从爷爷棺材里取出来的。我问他知不知道爷爷下葬时的情况，他说不清楚，因当时年纪尚小，只是听父亲说过，爷爷生前不知道在哪儿弄到这件东西，当作宝贝，去世前将它搁在早已准备好的棺材里。我又问他的父亲是否健在，他说于前年去世了。

老乡的话，我没有在意，搞收藏之人不能听信别人所讲的故事，这已是收藏界的共识。有经验的收藏家，无论货主是把天吹翻了，也丝毫不会动心，只是让东西自己说话。不过，先问一下东西的来历，也算是鉴定行的规矩吧。

这件模样古怪的青花大瓷瓶，高34厘米，最大径22厘米，足径19厘米。上部与元代梅瓶相似，只是肩部较平整。中部垂直呈筒形，下部似喇叭花，并有花瓣，乍看上整体像一口钟，放翻来看，又有底。

此件瓷器的形制十分罕见，是在梅瓶的基础上再创造。如果此瓶是真品，可见古代艺术家超凡的艺术想象力；如果是假货，这位造假人也够得上"大师级"了。

梅瓶是常见器型，出土品很多。梅瓶的用途，有人说是贮酒器，有人说是陈设瓷……古人常将梅瓶与随葬品一同入土，用来寄托对死去亲人的哀思，并祝愿亲人在阴间也能平平安安。倘若这只大瓶真是由梅瓶演变而来，加以创新，制成奇特的钟形，随死者入葬，既利用了梅瓶原有的作用，又寓意"送终（钟）"，构思真是奇巧！

我对此瓶进行了认真研究，发现此瓶有十几处特点与元青花相吻合：

一是器型独有，后世未见。元瓷中有八棱梅瓶、八棱玉壶春瓶、四系扁壶、高颈大罐等，均为元瓷特有的器型，后朝瓷器很少见到。此瓶的如钟造型也是明清瓷中所不见的。

二是此瓶的胎体坚致、厚重压手。

三是从青花纹饰来看，所用青料含铁较高（应是苏麻离青），"铁锈斑"十分明显，并钻入胎骨，在青花上似乎又开出了黑色小花。

四是青花呈色艳如蓝宝石，而且青花纹有深有淡，还有晕散效果。

五是釉色白中闪青，釉质肥厚晶莹。

六是青花纹样层次多，瓶体上共七层。

七是所画缠枝牡丹、缠枝莲花、缠枝菊花，符合元青花花卉纹饰的特点，尤其是缠枝牡丹纹，为元代典型的两种画法：叶肥大，呈松果形。

八是瓶体上有两扇开光纹，开光内共画十四个人物，服饰符合元代风格，画法古拙、形象生动。

九是足底无釉，无旋纹，足中心有乳突及跳刀痕。

十是底足外墙斜削。

十一是底部有大面积火石红，色泽呈橘红色，并有沾釉现象。

十二是釉面局部有开片，土咬痕迹严重。

为慎重起见，我邀请几位画家对瓶上的两幅开光画进行研究分析。他们认为开光画的题材内容，既不像戏剧人物故事，也不是历史故事画，很像是描绘一家人的生活小景，画风古拙，笔法娴熟生动，符合古人绘画特点，也是今日画坛高手想仿也仿不像的。当年绘此瓷画的是一位民间艺人，但纯熟的画技和独有的古风韵味，令人赞叹！

再就是整器纹饰规整、大气、自然，没有矫揉造作、临摹的痕迹。整体"气息"较好。从纹饰设计角度来看，菊花纹绘在瓶体的下部，表示人们对死者的哀思；莲花纹绘在瓶体的中部，似乎在赞颂死者生前一生清廉高洁；牡丹纹绘在瓶体的顶部，仿佛是希望死者"升天"后也能过上富贵的日子。两幅开光人物画是一家人幸福生活的写照，似乎表示死者虽然已经离开家人，但仍然与家人生活在一起。

古代艺术品的纹饰都有吉祥寓意。此瓶纹饰的整体构思，从形到意都经过深思熟虑。可见，古人在制作一件艺术品时是何等地用心和独具匠心。他们绝对不会把牡丹花纹绘在瓶体的底部，也绝对不会在瓶上画一幅《萧何月下追韩信》、《三顾茅庐》等与这只瓶毫不相干的图案。因此，我认为这只瓶可能是一件定烧祭祀器，应该是元代后期的作品。

不过，我刚提出自己的观点，就被我的一位朋友否定了。

他认为：虽然这件青花瓷的满身纹饰，具有元青花的特征，但瓶体下部的回纹，却是明代早期画法。那么，会不会是洪武时期的青花瓷？他提出了这样一个大胆的设想，推断的理由也很充分。

我听后也觉得很有道理。因为洪武大件青花瓷少见，这是瓷界至今尚未解开的一个谜。无论从哪个角度来讲，都是不应该的。

我们知道，元青花瓷成熟于元代末期。1352～1360年，景德镇地区已被徐寿辉、陈友谅建立天元政权所控制，1360年朱元璋灭陈友谅，至1368年明王朝正式建立之前，景德镇瓷器生产在朱元璋控制之下进行了8年。也就是说，有很大一部分至正型青花瓷的生产，其实与元代浮梁瓷局没有关系。朱元璋未推翻元朝前，在其所辖的景德镇仍在大件生产青花瓷。为何朱元璋当皇帝后，大件青花瓷却突然少见了，所见也只是一些不起眼的小坛、小罐，与南京明孝陵的恢宏风格很不相称。由此推断，洪武时期，皇家贵族绝不会只用青花小瓷坛、小瓷罐作为陪葬品。因此，有人认为被一些专家定为元代或明永乐、宣德时期的青花瓷中，应有不少是洪武时期的作品。这话很有道理。

新中国成立以来，有关洪武青花瓷研究，重要成果不多，更谈不上有什么突破。瓷器书出版了不少，但多数内容属于相互引用，没有新观点。有关洪武年青花瓷的理论尚有待专家深入研究，此谜定会解开！

我不是研究青花瓷的专家，但从理论上和感性上都觉得这位朋友的话很有道理。严格说来，这位朋友也不是什么专家，但绝对是一位颇有建树的收藏家。向前看，这只青花瓶具有元瓷的风采；向后看，又有明永乐、宣德瓷的特征。若不是明洪武时期的，还会是什么时期的呢？虽然如此，但我仍不敢妄下定论。

有人说，绘花卉纹的青花瓷，元瓷多一些，画人物纹的青花瓷，大多是明早期瓷器，包括南京博物馆收藏的"萧何月下追韩信"青花罐。我认为这种推断有道理。元人统治中国时，怎能允许在瓷器上画汉族英雄的故事画，怎能允许这样大力宣传汉族文化呢？！

这里，我将此青花瓶呈现给大家，希望国内外各路高手共同努力，最终得出一个正确的判断：是元代的产品，是明代的作品，还是一件现代仿制的赝品？

古玩，古玩，估着玩。有时候一件藏品让人一辈子也搞不懂，这正是她的魅力所在！

元代　青花八棱执壶

高23.6cm
口径4.9cm
底径7.8cm
河北省博物馆藏

1964年河北保定窖藏出土。有盖。壶口为喇叭状，颈细长，腹颈间前有流后有柄，流细长，自腹壁向上前弧曲，口流与壶口持平，流颈间有s形花饰相连接，流身两侧沛卷云纹。柄宽而扁，安于腹颈之间，柄顷堆贴一卷云纹。造型秀美典惟，纹饰繁缛。下腹鼓，近底处内收，圈足外撇。通身绘青花纹饰。盖为圆尖钮，鼓顶八棱形，饰覆式莲瓣纹，向柄一侧有一小圆形钮。颈中部内束，饰一周回纹，上半部饰蕉叶纹，下半部覆莲瓣纹内绘火焰宝珠纹。腹的上部在两周卷云纹之间饰六组折枝花卉，下部为仰式莲瓣纹一周。圈足饰卷草纹。

斗彩将军罐鉴定记

如果你在8年前买了一件瓷器，现在价值翻了50倍，大多数人都会觉得不稀罕；如果你在8年前买了一件瓷器，现在价值仅为当年价值的1/5，很多人心里就不舒服了。的确，现在艺术品投资市场上的东西都在涨价，怎么会降价呢？除非买了赝品！

白女士是北京最早一批进入艺术品投资领域的人，她原来主要收藏书画和玉器。后来，她逐渐看好明清彩瓷，于是把投资重点转移到瓷器上。1997年，她在荣宝斋举办的一场拍卖会上用6万元购买了一件斗彩将军罐，带有宝珠顶纽盖，非常精美，有人说是雍正瓷。现在6万元不算多，但在当时也是一笔大钱。

2001年，白女士在一次赏玩中不小心把瓷盖打碎了，为此心中很不舒服，每每看到缺少瓷盖的将军罐就生气，于是决定将此罐出手。但几次都没有卖出。原因是有人看后认为此件将军罐的年代不够雍正年间，年代不够老；也有人看后认为此件将军罐是晚清时制作的，只肯出1万多块钱。于是白女士也想知道，这件斗彩将军罐究竟是够什么年份？现在值多少钱呢？卖了几次都卖不出去，问题到底出在哪儿呢？

2005年，在一场电视直播节目上，白女士将这件斗彩将军罐拿来请我鉴定。

这件斗彩将军罐，高30厘米，腹部最大直径为26厘米，口径为13厘米，直口，丰肩，收腹，撇足，底为双蓝圈，无款识，画面为花卉纹。从品相上看，这件瓷罐除缺少宝珠顶纽盖外，其他各部位都很好。

将军罐是一种罐式，是佛教僧侣盛敛骨灰的器物。因宝珠顶盖形似将军盔帽而得名。初见于明代嘉靖、万历年间，至清代顺治年间基本定型：直口，短颈，丰肩，鼓腹，附宝珠顶高圆盖。腹下部渐收，多为平底无釉，通体浑圆，器型高大。康熙时期，将军罐广为流行，这时将军罐的造型，将浑圆的罐体展肩提腹，拉长颈部，收紧圈足，使得将军罐的造型显得挺拔向上，气魄宏伟。

将军罐的造型受人喜爱，因此不论是官窑，还是民窑都大量烧造。特别是民窑制品，纹饰采用民间老百姓喜闻乐见的题材，有戏曲人物、神话故事等，这些题材构图较繁缛，在小件瓷器上很难展示，而高大的将军罐，则可以将这些题材全面地展示出来，深受广大百姓的认同，以后各朝均烧造将军罐，但各朝将军罐的形制略有不同。青花、五彩将军罐为常见品种，还有黄釉、茄皮紫釉、三彩、斗彩将军

斗彩 将军罐

    清代斗彩将军罐较为少见，为较珍贵的收藏品。此斗彩将军罐的纹饰以庭院风景和高士图为主，但不是本书作者鉴定的那一件。

清乾隆 青花粉彩花卉瓶

高24.4cm　口径7.5cm　底径10cm

台北"故宫博物院"藏

青花粉彩是清代特有的彩绘瓷，出现于乾隆年间。此瓶瓶口下饰如意云头纹一周，瓶面画天竹、水仙、灵芝及石草，寓"群仙祝寿"。颈腹之间与腹底有各有两凸棱，饰回纹两周，足圈饰如意云头纹，上下共画青线十道。

罐，为少见品种。

据古文献记载，斗彩始于明宣德时期，但明代文献并没有采用斗彩之名，而是"青花间装五彩"。明成化斗彩瓷最受推崇，以后各朝均有仿制，以清康雍乾三代仿制品的工艺质量最高。清代传世斗彩瓷有两类：一类是仿明成化斗彩瓷，但一般无款识或署清代本朝款识，只有很少一部分假托成化年款；另一类是采用清代流行器型，具有清代本朝瓷器的造型特征。清代斗彩瓷器，大多数画工精致，改变了成化斗彩"叶无反侧"、"四季单衣"的弱点，图案性强，但也因此失去了成化斗彩清秀飘逸的风韵。

简单地说，斗彩是釉下青花与釉上彩绘相结合的一种装饰画法。通常解释为釉下彩与釉上彩争妍斗美，故名"斗彩"。但也有其他解释：有人认为"斗彩"应为"豆彩"，因为其中的绿色如豆青；有人认为"斗彩"应为"逗彩"，因为釉下与釉上彩似在相互逗趣；有人认为"斗"是江西景德镇土话，是"拼凑"之意，或应写作"兜"……

不过，无论哪种说法，都是先用青花在白色坯胎上勾勒图案的轮廓线，罩上白釉，入窑高温烧成青花瓷后，再于白釉上按釉下青花纹的不同部位，填入不同的彩色，如红彩、绿彩、黄彩、紫彩等釉上彩，一般是三至五种，最后入彩炉，低温烧成。

白女士收藏的这件斗彩将军罐，符合清代将军罐的造型。仔细看其纹饰和色彩，叶子与某些葡萄、柿子、豆角等瓜果的边缘还有青花勾勒的痕迹。施釉烧成后，瓜果和枝叶的主体用黄彩、绿彩、紫彩、红彩等平涂、点涂等手法来填彩，有的青花轮廓被覆盖住了。二次烧造，釉水肥厚，图案饱满，色彩美丽，是典型的斗彩瓷器。总体来说，这件斗彩瓷器虽然没有款识，但纹饰华丽繁缛、色彩绚丽缤纷，与清康雍乾三代的斗彩瓷十分近似。

这件斗彩罐底部没有款识，只有蓝色双圈，应当是康熙民窑制品。在底部双圈里填写青花款识，始于康熙年间，但后来均采用这种方式，一直到清光绪时期，民国时期也是这样，因此"蓝色双圈"不能作为断代的依据。

再看这件斗彩将军罐的胎质，胎土洁白细腻，坚硬致密，明显具有雍正后期、乾隆前期瓷器的胎质特色。再加上釉质、画法各方面来看，应该是雍正后期到乾隆早期的瓷器。

最后说一下这件斗彩将军罐的价格。因许多人认为是清末或民国的作品，只肯出1万多元，那是"走眼"了。假如这件斗彩将军罐，不残不缺件，还有原配的宝珠顶纽盖，现在价格应在15万元至20万元之间。遗憾的是原配的宝珠顶纽盖已佚，只能估价6万元至8万元。